AF536782
www.entdecke.de

Entdecke die Rochen

Ralf P. Sonntag

ISBN: 978-3-86659-508-8

2. Auflage 2026

An der Kleimannbrücke 39/41
48157 Münster
Tel.: 0251-13339-0
Fax: 0251-13339-33
E-Mail: verlag@ms-verlag.de

Home: www.ms-verlag.de
Geschäftsführung: Matthias Schmidt
Layout: Isabell Büchter
Lektorat u. Bildredaktion: Kriton Kunz
Druck: Drusala, Dobrá

mauritius images
Vorsatz: Joko / imageBROKER
S.8/9: nature picture library / Franco Banfi
S.14/15: Reinhard Dirscherl / Alamy / Alamy Stock Photos
S.16/17: Reinhard Dirscherl
S.33 Mitte: Kelvin Aitken / VWPics / Alamy / Alamy Stock Photos
S.34/35: robertharding / Duncan Murrell
S.36: Jeff Rotman / Alamy / Alamy Stock Photos
S.37 o: Blickwinkel / Alamy / Alamy Stock Photos
S.38 oben: Reinhard Dirscherl / Alamy / Alamy Stock Photos
S.40: Jeff Rotman / Alamy / Alamy Stock Photos
S.41 oben: Chanawat Phadwichit / Alamy / Alamy Stock Photos
S.41 Mitte: Www.pqpictures.co.uk / Alamy / Alamy Stock Photos
S.44 Mitte: Blickwinkel / Alamy / Alamy Stock Photos
S.50 Mitte: Matthew Banks / Alamy / Alamy Stock Photos
S.51 oben rechts: Anton Sorokin / Alamy / Alamy Stock Photos
S.58 oben rechts: Laszlo Mates / Alamy / Alamy Stock Photos

shutterstock
Titel: Richard Whitcombe
Rückseite: Nantawat Chotsuwan
S.1: Leonardo Gonzalez
S.2: stephan kerkhofs
S.4/5: BlueOrange Studio
S.5 oben: Nelyan
S.6/7: Leonardo Gonzalez
S.7 oben: Sergey Novikov
S.10/11: maxrlx
S.11 oben: Everett Collection
S.12/13: wildestanimal
S.12 Mitte: Nonchanon
S.12 unten: RLS Photo
S.13 oben: Andrea Izzotti
S.14 unten: Yurij Omelchenko
S.17 oben: Joern_k
S.18/19: Michelle de Villiers
S.19 oben: rock ptarmingan
S.20/21: Vadim Petrakov
S.20 oben: Ethan Daniels
S.20 Mitte: Mike Workman
S.20 unten: anto anto
S.21 o: Imagine Earth Photography
S.22/23: nickeverett1981
S.22 oben: Ian Scott
S.22 unten: HikeAndShoot
S.23 oben: Izen Kai
S.24/25: Jack Israel
S.26/27: GUDKOV ANDREY
S.26 o links: Chris van der Voet
S.26 o rechts: Kristina Vackova
S.27 oben links: Levent Konuk
S.27 o rechts: Toni Arenas Aguado
S.28/29: Subphoto.com
S.29 oben: Sergey Novikov
S.30/31: Ian Scott
S.30 unten: Lena Maximova
S.31 unten: Miguel Lopez Laguna
S.32/33: CHEN MIN CHUN
S.33 oben: Lauren Wang
S.37 unten: Steven Frame
S.38/39: Anita Kainrath
S.39 oben: Vladimir Turkenich
S.41 unten: Nick Greaves
S.42/43: Leith Holtzman
S.44/45: Kolf
S.46/47: Lewis Burnett
S.46 oben: JUN3
S.46 Mitte: Gilberto Villasana
S.46 unten: Rich Carey
S.47 oben links: Rich Carey
S.47 oben rechts: saiko3p
S.48/49: stephan kerkhofs
S.48 oben: Akifyeva S
S.48 unten links: Gennaro DiBs
S.48 u rechts: yeshaya dinerstein
S.49 oben links: Laura Dts
S.49 oben rechts: Ethan Daniels
S.50/51: Drew McArthur
S.51 oben links: Mekong on tour
S.52 oben: belizediversity
S.52 Mitte: ivSky
S.52 unten: Sandarina
S.53: JENG BO YUAN
S.54/55: Krzysztof Odziomek
S.55 oben: BlueOrange Studio
S.56/57: NarisaFotoSS
S.57 oben: Sineenuch J
S.58/59: Elizaveta Galitckaia
S.58 oben links: moonsun park
S.59 oben: SasmitaKrt
S.59 Mitte: kunanon
S.59 unten: Arief Stock Photos
S.60 oben: Artorn Thongtukit
S.60 u: Wanwalee Wongsawan
S.61: Jayjay Adventures
S.64: Michelle de Villiers
S.62/63: Arunee Rodloy

Inhaltsverzeichnis

Willkommen in der Welt der Rochen!

Rochen werden im Vergleich zu ihren faszinierenden und für manche eher unheimlichen Verwandten, den Haien, viel weniger beachtet. Auf den ersten Blick wirken sie eher unscheinbar und langweilig, insbesondere, weil viele Arten einfach die meiste Zeit mehr oder weniger vergraben im Sand liegen.

Aber wenn Du genauer hinschaust, merkst Du, dass sie gar nicht langweilig sind, ganz im Gegenteil! Sie haben die Zeit der Dinosaurier überlebt und scheinen sehr intelligent zu sein. Mantas sind wahrscheinlich sogar intelligenter als viele Säugetiere!

Rochen kommen in allen Weltmeeren vor, sogar in der Nähe der Pole, außerdem in einigen Flüssen wie dem Amazonas. Manche leben im Flachwasser, andere in Tiefen von über 4 000 Metern. Einige jagen mit elektrischen Organen, andere mit dem Schwert und wieder andere haben Giftstachel zur Verteidigung. Viele Arten sind wahrscheinlich noch nicht einmal entdeckt.

Riesen und Zwerge

Es gibt riesengroße Rochen mit sieben Metern Durchmesser, aber auch Zwerge, die gerade mal 10 bis 20 Zentimeter Länge erreichen.

Die Rochen sind eine der ältesten Wirbeltiergruppen auf diesem Planeten, jedoch sind wir Menschen leider dabei, viele Arten von ihnen auszurotten und damit der Meereswelt einen furchtbaren Schaden zuzufügen. Etliche Rochenarten sind bis jetzt nur wenig erforscht, das gilt selbst für die Mantas. Diese sind allerdings so faszinierend, dass wir uns jetzt erst mal auf sie konzentrieren.

Rochen vor der Haustür

Auch in der Nordsee kommen vier Rochenarten vor, darunter Stern- und Kuckucksrochen. Sie leben zwar nur in tieferen Meeresregionen, aber Du kannst manchmal ihre angeschwemmten Eier am Ufer finden. Leider gibt es in der Ostsee wahrscheinlich keine Rochen mehr, sie sind dort ausgestorben.

Rochen leben schon seit rund 200 Millionen Jahren auf unserem Planeten und sind sehr spannende Tiere!

Groß = alt

Anders als wir wachsen Rochen ihr ganzes Leben lang. Richtig große sind daher auch sehr alt. Und Mantas können immerhin über 40 Jahre alt werden!

Manta, Manta!

„Manta, Manta!“, ruft der Bootsführer. Alle lehnen sich über die Gummiwülste des Schlauchbootes, und da ist er. Ein riesengroßes, ganz dunkles Tier schwimmt am Boot vorbei, und es sieht so aus, als habe es Hörner. Deshalb wohl bezeichneten die alten Seefahrer es früher als Teufelsrochen. Inzwischen kennt man zehn oder sogar elf verschiedene Arten der Teufelsrochen. Die beiden größten werden als Mantas bezeichnet. Wir hatten bei unserer Bootsfahrt ein Riesenglück, denn sie sind nicht oft an der Oberfläche zu sehen. Meist schweben sie irgendwo im Ozean beziehungsweise „fliegen“ durch die Meere. Manchmal springen sie auch aus dem Wasser, und dann sieht man die Riesen für eine kurze Zeit in ihrer ganzen Schönheit über den Wellen.

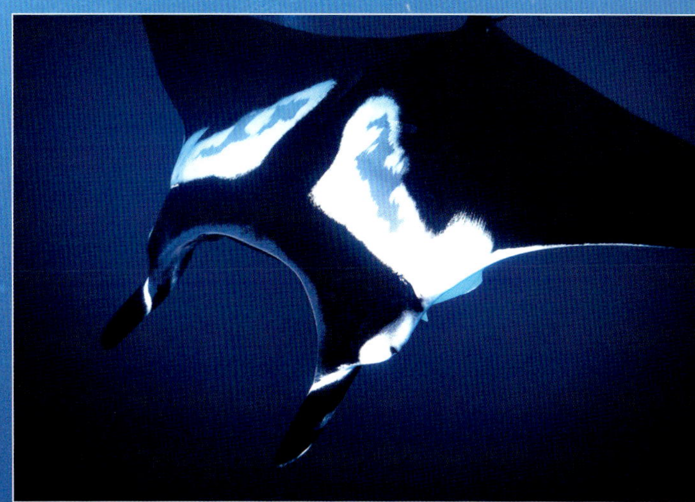

Mantas sind die größten Rochen der Welt. Der Riesenmanta erreicht bis zu sieben Meter Spannweite und zwei Tonnen Gewicht, also 2 000 Kilogramm!

Unverwechselbar

Wenn sich Dir irgendwann einmal im Leben die Möglichkeit bietet, solltest Du unbedingt mit Mantas tauchen gehen – Du wirst nur am Staunen sein, also nicht vergessen zu atmen! Es ist ein absolut unvergesslicher Anblick, wenn diese riesigen Tiere über einen hinwegfliegen. Von unten sind die meisten weiß gefärbt, mit einzelnen schwarzen Flecken. Jeder Manta hat sein ganz persönliches Fleckenmuster auf dem Bauch – daran kann man ihn „persönlich" erkennen. In manchen Gegenden sind sie fast schwarz, mit ein paar weißen Flecken. Warum das so ist, weiß niemand. Bisher hat man noch keine zwei gefunden, die genau gleich aussehen. Das ist wie mit Fingerabdrücken, die bei jedem Menschen einzigartig sind.

Dadurch, dass man sie persönlich erkennt, lassen sich richtige Akten über jeden einzelnen anlegen. Darin steht dann, wie der Manta heißt, aber meistens geben die Forscher den Tieren nur eine Nummer. Wichtige Informationen für die Forschung sind: wann und wo der Manta gesehen wurde, wann ein Weibchen Junge bekommen hat, oder wann das Tier womöglich verletzt wurde und wie gut das verheilt ist.

Satellitenverfolgung

Forscher verfolgen die Wanderungen der Mantas mit Satelliten. Dazu bringen sie einen Sender an einem Tier an. Dessen Signale empfängt ein Satellit im Weltall und leitet die Informationen darüber an die Wissenschaftler weiter. Dann wissen sie immer, wo der Manta sich gerade aufhält. Ganz so wie im Spionagefilm!

Manche Sender liefern zusätzlich Informationen darüber, wie tief die Mantas tauchen, wie lange sie an einem bestimmten Ort bleiben, um zu fressen, wie kalt es dort ist und wie schnell sie schwimmen können. Das ist wie ein Fahrtenschreiber in einem Lastwagen.

Aus diesen Informationen wird ein Online-Katalog über möglichst viele Mantas erstellt, auf den dann viele Forscher Zugriff haben. Dort lässt sich verfolgen, wenn sie losziehen und durch die Meere wandern. Da kann es sein, dass ein Forscher ein Tier entdeckt, das andere Wissenschaftler zuvor 500 Kilometer entfernt gesehen haben – dadurch lernen wir jede Menge über die Wanderungen dieser Rochen. Sie können gut 30 bis 40 Kilometer am Tag zurücklegen!

Zwar sind nicht überall Wissenschaftler, wo Mantas hinschwimmen. Aber jeder Taucher kann mithelfen: Wo immer auf der Welt jemand einen Manta sichtet, sollte er nach Möglichkeit unbedingt ein Foto von der Bauchseite des Tieres machen und bei folgender Webseite einschicken: https://www.mantatrust.org/idthemanta Manchmal bekommt man als Gegenleistung Informationen über das Tier, das man beobachtet hat.

Da sich jeder Manta an seinem Bauchmuster erkennen lässt, lassen sich über die Jahre viele Informationen über die einzelnen Tiere zusammentragen

Unterwasserflieger

Natürlich haben Rochen keine Federn wie Vögel. Zum Fliegen oder Schwimmen nutzen sie ihre gigantischen Brustflossen. Die Flossen sehen allerdings eigentlich gar nicht so aus, sondern einfach wie eine starke Verbreiterung des Körpers. Das liegt daran, dass der Körper direkt in die Flossen übergeht. Damit wirken

Unterwasser-Flieger

Eigentlich sind Mantas die größten fliegenden Tiere der Welt, wenn das Fliegen durch Wasser ebenso zählt wie das Fliegen durch die Luft. Die Brustflossen der Riesenmantas haben eine Spannweite von gut sieben Metern!

Bei Rochen geht der Körper direkt in die Flossen über, so wie bei diesem Kurzschwanz-Stechrochen

Ähnelt dieses Tarnkappenflugzeug nicht stark dem unten abgebildeten Stechrochen?

manche Rochen wie ein supermodernes Tarnkappenflugzeug, nur dass sie einen langen, peitschenartigen Schwanz haben und die Mantas zusätzlich natürlich die „Hörner“. Das sind aber in Wirklichkeit flossenartige Gebilde neben dem großen Maul, die ihnen und anderen Teufelsrochen helfen, die Nahrung ins Maul zu bugsieren. Manchmal sind diese Kopfflossen einfach aufgerollt und sehen dann eben wie Hörner aus, wie auf dem Foto Seite 9.

Pflügt ein Manta mit geöffnetem Maul durch das Wasser, um zu fressen, sind seine Kiemenreusen im Inneren des Mauls gut zu erkennen

Zumindest Riesenmantas ernähren sich offenbar nicht nur von Plankton, sondern auch beispielsweise von Fisch

Gigantische Mengen Krill leben in den Ozeanen, also kleine Garnelen

Die Größten fressen die Kleinsten

Obwohl Mantas so groß sind, fressen sie nur sehr kleine Tiere, darunter das sogenannte Plankton. Dazu gehören Krill, also Schwimmgarnelen, andere Krebstiere und Fischeier. Kleine Fische werden ebenfalls von ihnen erbeutet. Um möglichst viel Nahrung zu erwischen, schwimmen Teufelsrochen manchmal in enger Formation nebeneinander. Dabei pflügen sie regelrecht durch ihre Beute aus kleinen Fischen oder Garnelen. Wie schon erwähnt, helfen ihre Kopfflossen dabei, die Nahrung optimal ins Maul zu lenken.

Zum Herausfiltern der Nahrung gibt es zwischen dem Maul und den Kiemenschlitzen stark verästelte Strukturen, sogenannte Kiemenreusen. Darin bleibt die Beute hängen und das Wasser kann anschließend durch die Kiemen wieder herausströmen. Wenn die Mantas genug Kleintiere im Rachen haben, schließen sie ihr Maul und schlucken.

Der Lichtstrahl zeigt, dass hier reiche Plankton-Beute zu holen ist

Ist besonders viel Nahrung vorhanden, machen manche Teufelsrochen weite Sprünge aus dem Wasser. Vielleicht rufen sie durch den lauten Bauchplatscher andere Mantas herbei? Jedenfalls versammeln sie sich regelmäßig in Gebieten, wo es viel Plankton gibt. Häufig schwimmt das Plankton in der Nähe der Meeresoberfläche, weil die Tierchen winzige Algen fressen, die Sonnenlicht brauchen.

Es kann aber auch mal sein, dass in flacherem Wasser viel Plankton ganz dicht am Meeresgrund schwimmt. Der Manta gleitet dann ebenfalls eng am Boden und schlürft die kleinen Tiere auf. Dabei sind die Kopfflossen besonders hilfreich.

Wunderst Du Dich, dass diese riesigen Mantas nur ganz kleine Tierchen fressen? Das hört sich ja auch erst mal seltsam an. Aber an manchen Stellen gibt es viele Nährstoffe im Meer. Dort sammeln sich dann dicke Wolken aus Plankton, zum Beispiel sehr kleinen Garnelen und Krebsen, aber auch Fischlarven, Weichtieren und kleinen Quallen. Manchmal ist das Wasser richtig trübe wegen der ganzen Kleintiere. Es lohnt sich also, sie zu fressen!

Kennzeichnend für Plankton ist, dass die Tiere darin zu klein und zu schwach sind, um gegen die Meeresströmungen zu schwimmen. Sie sind wie Treibgut. Plankton ist diejenige Nahrungssorte, die es im Meer am meisten gibt – und eben darum ernähren sich auch die meisten ganz großen Meeresbewohner davon. Dazu gehören neben Mantas die Bartenwale, aber auch Riesenhaie und Walhaie.

Ein warmer „Gehirn-Pullover“

Es gibt noch sehr viel zu erforschen, nicht nur über Rochen, sondern über die Meere im Allgemeinen und ganz besonders über die Tiefsee. Dabei hilft dann modernste Technik wie Satellitensender. Damit wurde zum Beispiel eine Gruppe Tarapacana-Teufelsrochen verfolgt, wie sie in eine Tiefe von über 1 800 Meter tauchten. Zuvor waren 15 der über drei Meter großen Rochen mit Sendern versehen und über Wochen und Monate verfolgt worden. Dabei stellten die Forscher fest, dass die Tiere zum einen Tausende von Kilometern wanderten und zum anderen viel in der Tiefsee unterwegs waren. Was suchten sie denn in solch schwarzen Regionen?

Satelliten im Weltall empfangen Signale, die von Sendern an Mantas abgegeben werden. Forscher auf der Erde können diese Signale dann orten und auswerten.

Tarapanca-Teufelsrochen jagen auch in der Tiefsee

Alles deutet darauf hin, dass sie dort unten auf Planktonjagd waren. Über Plankton in dieser Tiefe ist jedoch nur wenig bekannt. Erstaunlich ist auch, dass die Tiere hierher tauchen, obwohl es dort nur vier Grad Celsius „warm" ist – das erscheint eigentlich viel zu kalt für die Tiere. Aber die Forscher fanden heraus, dass das Gehirn dieser Rochen von einem engen Netz aus lauter Blutgefäßen umgeben ist, das wie ein „Pullover fürs Gehirn" wirkt. Damit dieses Netz gut angewärmt ist, rasen diese Rochen mit über 20 Kilometern pro Stunde in die Tiefe, schneller als jeder Fisch oder Wal. Bei dieser Geschwindigkeit werden die Muskeln und damit auch die Blutgefäße ordentlich warm.

Der „Gehirnpullover" war zwar bereits vorher bekannt, aber die Wissenschaftler hatten immer gerätselt, wozu die Rochen ihn überhaupt brauchen – weil sie gar nicht wussten, dass diese Tiere in die eiskalte Tiefsee wandern. Erst durch dieses Projekt kamen die Forscher dahinter.

Mithilfe der Sender konnte man auch herausfinden, wo sich manche Rochenarten besonders gerne aufhalten. Solche Gebiete und damit die dort lebenden Tiere lassen sich dann besser schützen.

Du siehst schon: Die Forschung schläft nicht! Andauernd erhalten wir neue, faszinierende Ergebnisse.

Schlaue Teufelsrochen

Manche Wissenschaftler sind davon überzeugt, dass Teufelsrochen sehr intelligent sind, ja, dass sie zu den intelligentesten Tieren überhaupt im Meer gehören. Nachgewiesen ist das bisher zwar nicht, aber Verhaltensstudien deuten darauf hin, dass sie ein Eigenbewusstsein haben. Das bedeutet, dass sie wissen, dass sie als „Person" existieren. Sicher ist auch, dass sie das größte Gehirn unter allen Knorpelfischen haben und dass es auch größer ist als bei allen Knochenfischen.

Der bekannte Manta-Forscher Guy Stevens beschreibt, wie er einmal einen Manta rettete. Das Tier war mit dem Großteil seiner Flossen und seinem Kopf in einer dicken Angelschnur verheddert. Als der Manta den Forscher erblickte, schwamm er direkt zu ihm hin, als ob er ihn um Hilfe bitten wollte. Guy befreite ihn mit großer Mühe. Als der Forscher ein paar Tage später wieder mit einer großen Gruppe Taucher in der Nähe unterwegs war, schwamm dieser Manta auf ihn zu und umkreiste ihn, wobei er alle anderen Taucher nicht beachtete. Ob dieser Rochen den Wissenschaftler erkannte und sich womöglich bedanken wollte? Wir müssen noch viel forschen, bis wir genau wissen, wie intelligent Mantas womöglich sind.

Dass Mantas ein so großes Gehirn besitzen, hängt auch damit zusammen, dass Rochen sehr leistungsfähige Sinnesorgane besitzen. Um die Menge an Informationen auswerten zu können, die sie damit sammeln, brauchen sie eben genügend Hirnsubstanz.

Knorpel und Knochen

Rochen und ihre nächsten Verwandten, die Haie und die Chimären, zählen zu den Knorpelfischen. In diesem Namen steckt zwar das Wort „Fische“, aber mit den „richtigen“ Fischen, den Knochenfischen wie Guppy, Karpfen, Forelle oder Schwertfisch, sind die Knorpelfische nur ganz weitläufig verwandt. Auf diesem Foto siehst Du eine Chimäre.

Teufelsrochen, also auch Mantas, könnten zu den intelligentesten Tieren der Meere zählen

Der sechste und der siebte Sinn

Wir Menschen und viele Tiere verfügen über sechs Sinne: sehen, hören, riechen, schmecken und tasten. Rochen aber sind ganz besondere Tiere. Sie besitzen einen echten sechsten Sinn – nur Haie können hier mithalten. Es handelt sich um einen Elektrosinn: Damit können sie Nervenimpulse wahrnehmen. Solche Nervenimpulse entstehen beispielsweise, wenn das Gehirn einem Muskel den Befehl gibt, sich anzuspannen. Diese Impulse nehmen wir Menschen nicht wahr, uns fehlt ein Sinn dafür. Wir können sie aber mit komplizierten Geräten messen. Das macht zum Beispiel ein Herzspezialist mit einem sogenannten EKG. Dabei werden alle Stromimpulse im Herzen aufgezeichnet und der Arzt weiß dann, ob damit alles in Ordnung ist.

Ein Knorpelfisch wie der Rochen braucht dazu keine Maschinen, er spürt die Nervenimpulse direkt. Das gibt ihm einen Riesenvorteil gegenüber anderen Meeresräubern. Wenn der Rochen langsam über den Sand schwimmt und sich ein Tier unter ihm eingegraben hat, kann er dessen Nervenimpulse wahrnehmen und zuschlagen. Andererseits sind auch oft Rochen eingegraben und bemerken mithilfe dieses Elektrosinns, dass sich ein Jäger anschleicht. Dann können sie rechtzeitig fliehen.

Die Sinnesorgane, die dem Rochen diese Informationen liefern, heißen Lorenzinische Ampullen. Das sind kleinste Organe, die in Poren unter der Haut sitzen und eine Reichweite von etwa einem Meter haben. Den wahrscheinlich besten Elektrosinn besitzen Hammerhaie, die mit seiner Hilfe vergrabene Rochen aufspüren und erjagen. Dieser Sinn ist besonders für die Orientierung in nächster Nähe geeignet.

Orientierung am Magnetfeld der Erde?

Manche Wissenschaftler vermuten, dass Knorpelfische ihren Elektrosinn zusätzlich dazu benutzen, um sich bei ihren Wanderungen am Magnetfeld der Erde zu orientieren. Das sind magnetische Linien, die sich um die Erde ziehen. Bisher hat man kein anderes Sinnesorgan für diesen Zweck gefunden. Hier ist noch viel Forschungsarbeit notwendig.

Ein weiteres sehr spezielles Sinnesorgan besitzen sowohl die „echten“ Fische, also die Knochenfische, als auch die Knorpelfische, nämlich Rochen, Haie und Chimären, und außerdem im Wasser lebende Amphibien sowie Kaulquappen: die sogenannten Seitenlinienorgane. Damit können sie feinste Wasserbewegungen entdecken. Darum gelingt es uns fast nie, einen Fisch mit der Hand zu fangen, wie vorsichtig wir uns auch bewegen – der Fisch spürt die Druckwellen, die wir auslösen.

Die gelblichen Linien zeigen an, wo die Seitenlinienorgane verlaufen. Damit können Rochen Wasserbewegungen spüren, wie sie von Räubern oder Beute erzeugt werden.

Die Seitenlinie ist ein sehr effektives Organ. Es hilft dabei, auch Hindernisse im trüben Wasser zu entdecken oder Meeresströmungen wahrzunehmen, warnt vor einem sich nahenden räuberischen Tier und spürt Bewegungen von Beute auf. Seine Funktionsweise erinnert an ein Radargerät auf einem Schiff, mit dem Unterschied, dass es nicht selber Signale aussendet, um die Reflektionen zu nutzen. Vielmehr nimmt es Reflektionen der vielen Unterwasserströmungen wahr, damit der Rochen sich eine Art Bild der Umgebung zu machen vermag.

Die Seitenlinienorgane bestehen aus Minikanälen entlang der Seite des Tieres, mit unterschiedlich vielen Abzweigungen, je nach Tierart. Auch dieses Sinnesorgan ist eher für die nähere Umgebung zuständig.

Natürlich müssen Rochen aber zudem wissen, wie es ein wenig weiter weg aussieht – gibt es da etwas zu fressen, lauern Gefahren? Dafür nutzen sie die gleichen Sinnesorgane wie wir Menschen: Augen, Ohren und Geruchssinn.

Wenn Rochen über den Sand schweben, spüren sie die Nervenimpulse von Tieren, die darin eingegraben sind

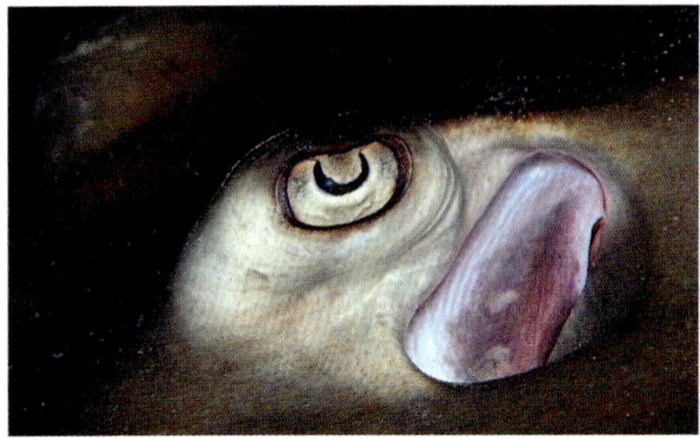

Rochen können auch im Dunkeln noch gut sehen

Die Pupille kann unterschiedlich aussehen, hier erinnert sie an einen Sichelmond

Die spiegelnde Schicht in den Augen zum Beispiel von Katzen und Rochen heißt Tapetum lucidum

Augen

Die Augen der Rochen sind sehr ähnlich aufgebaut wie unsere eigenen. Wenn Du vielleicht schon mal geschnorchelt hast, hast Du bestimmt bemerkt, dass es in der Tiefe schnell dunkler wird. Das bedeutet für Rochen: Sie müssen auch im Dunkeln einigermaßen gut sehen können. Damit das funktioniert, haben sie in ihren Augen noch eine spezielle, spiegelnde Schicht namens Tapetum lucidum. Sie liegt direkt hinter der Netzhaut. Was der Rochen erblickt, wird vom Tapetum lucidum zurückgespiegelt und kann daher sozusagen noch einmal wahrgenommen werden. Das ermöglicht es den Rochen, auch bei sehr wenig Licht noch zu sehen.

Ein ähnliches Tapetum lucidum besitzen auch andere nachtaktive Tiere, zum Beispiel Katzen, Hunde oder Hirsche. Darum leuchten die Augen solcher Tiere, wenn man sie nachts mit einer Lampe anstrahlt: Das Licht wird vom Tapetum lucidum zurückgespiegelt.

Viele Rochenarten können genau wie wir Farben sehen. Haie dagegen scheinen dazu nicht in der Lage zu sein. Darüber macht die deutsche Forscherin Vera Schlüssel viele Untersuchungen. Sie arbeitet mit Süßwasserstachelrochen aus dem Zoo, untersucht, wie gut sie sehen und auch wie gut sie sich manche Dinge wie Futterverstecke merken können. Ihre Ergebnisse hat sie mit kleinen Bambushaien verglichen. Es scheint, dass die Rochen pfiffiger sind und besser sehen können als zumindest diese Haie.

Gehör und Lärm

Rochen können nicht nur sehr gut sehen, sondern auch hervorragend hören. Unter Wasser sind Geräusche viel weiter zu vernehmen. Das hängt damit zusammen, dass Wasser bedeutend dichter ist als Luft. Darum breiten sich Geräusche im Wasser schneller aus. Das nutzen Knorpelfische, um verletzte Tiere aufzuspüren, die sich durch Geräusche verraten. Derart geschwächte Beute kann man leichter fangen, um sie zu fressen.

Das funktioniert aber natürlich nur, wenn es nicht zu laut ist unter Wasser. Genau das ist jedoch ein Problem, das immer größer wird, und daran sind wir Menschen schuld. Wir machen Krach mit großen Schiffsmotoren oder auch mit Jetskis und beim Bauen und Betreiben von Windrädern im Meer. Das haben die Menschen lange nicht bedacht, einfach weil wir selten unter Wasser sind und es nicht hören. Forscher haben aber inzwischen herausgefunden, dass der Lärm für viele Meerestiere sehr schädlich ist.

Viele Meerestiere fühlen sich von Lärm gestört, wie er beispielsweise von Motorbooten erzeugt wird

Auch bei Bau und Betrieb von Windrädern im Meer entsteht Lärm

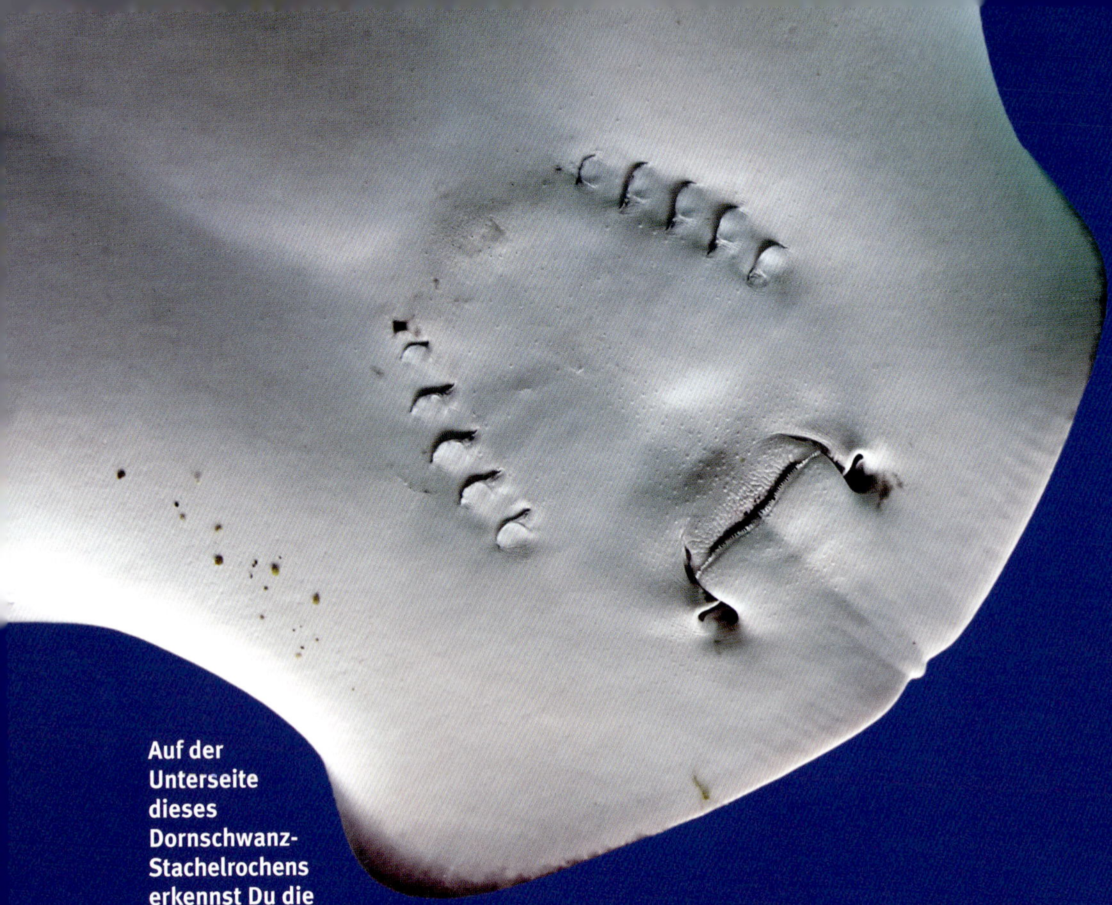

Auf der Unterseite dieses Dornschwanz-Stachelrochens erkennst Du die beiden Reihen von je fünf Kiemenschlitzen. Durch sie strömt das eingesogene Atemwasser wieder heraus.

Atmen und riechen unter Wasser

Wir Menschen atmen normalerweise vor allem durch unsere Nase. Bei Rochen ist das ganz anders: Sie atmen überhaupt nicht durch die Nase. Rochen besitzen zwar Nasenlöcher, aber die reichen nicht weit in den Körper, nur ein Stück, und dort liegen dann ihre Riechzellen. Damit können sie recht gut riechen. Wie gut, das untersuchen Forscher noch. Bei einigen ihrer Verwandten, den Haien, konnte man feststellen, dass sie selbst stark verdünntes Fischblut im Wasser zu riechen vermögen. So finden sie ihre Beute. Zum Atmen nutzen die meisten Rochenarten ihr sogenanntes Spritzloch oder auch Spiraculum.

Weil die meisten Rochen anders als Mantas und andere Teufelsrochen sehr viel im Sand liegen oder sogar eingegraben sind, liegen ihre

Hinter dem Auge erkennst Du eines der beiden Spritzlöcher. Durch sie saugt der Rochen Atemwasser ein.

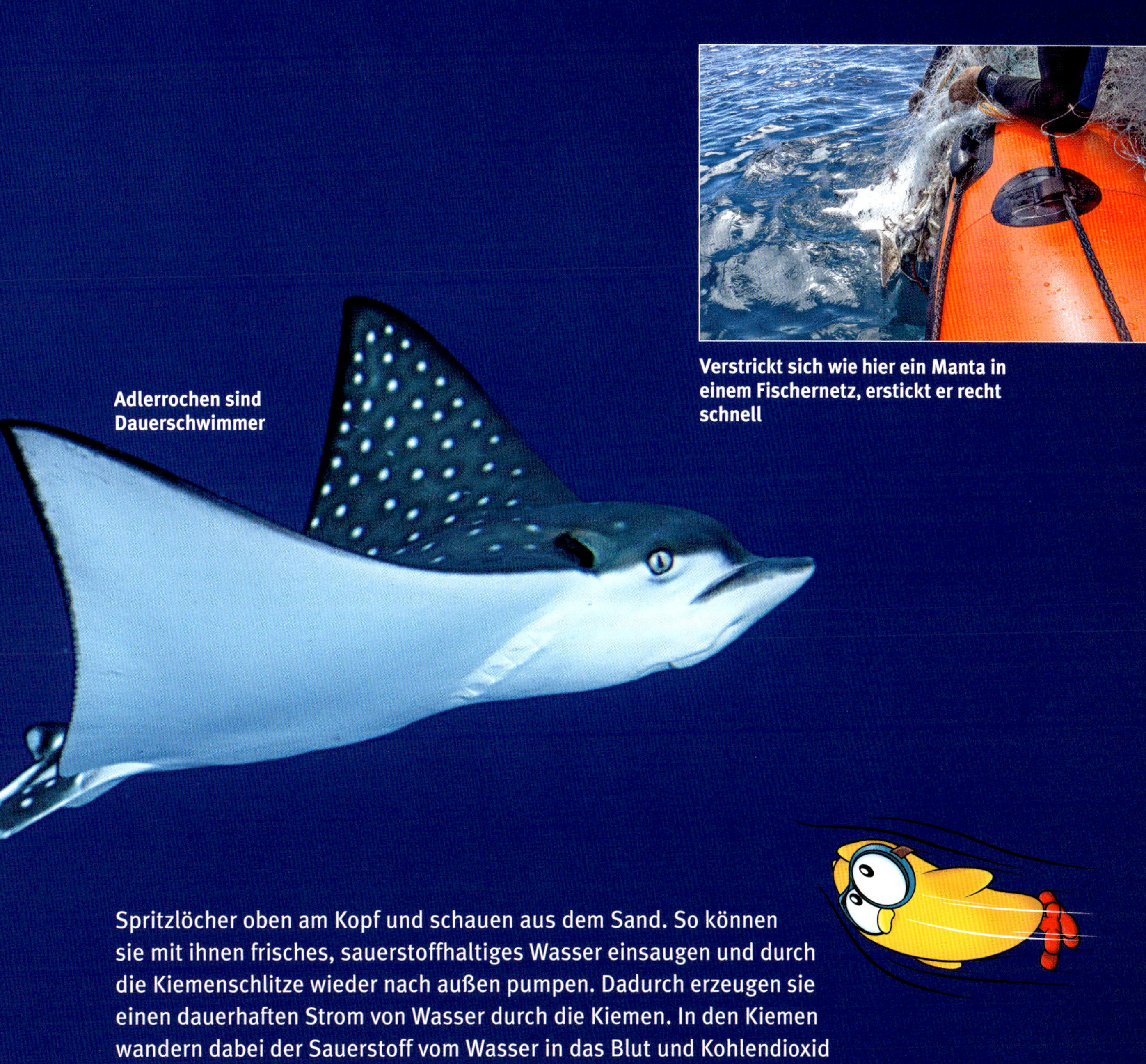

Verstrickt sich wie hier ein Manta in einem Fischernetz, erstickt er recht schnell

Adlerrochen sind Dauerschwimmer

Spritzlöcher oben am Kopf und schauen aus dem Sand. So können sie mit ihnen frisches, sauerstoffhaltiges Wasser einsaugen und durch die Kiemenschlitze wieder nach außen pumpen. Dadurch erzeugen sie einen dauerhaften Strom von Wasser durch die Kiemen. In den Kiemen wandern dabei der Sauerstoff vom Wasser in das Blut und Kohlendioxid aus dem Blut ins Wasser. Man nennt das auch Gasaustausch.

Anders die Teufelsrochen, zu denen die Mantas gehören: Weil sie dauernd mit offenem Maul durch die Meere schwimmen, brauchen sie die Spritzlöcher nicht mehr. Diese sind deshalb zurückgebildet. Das heißt aber auch: Solche Rochenarten müssen immer schwimmen, um den Wasserstrom durch Maul und Kiemen aufrechtzuerhalten. Man bezeichnet sie deshalb als Dauerschwimmer. Dazu gehören neben den Teufelsrochen vor allem die Adlerrochen, aber auch viele Haie wie der Weiße Hai oder die Hammerhaie. Wenn solche Arten in einem Fischernetz hängen bleiben, sterben sie recht schnell, weil kein Wasser mit Sauerstoff mehr über die Kiemen strömt und sie deshalb ersticken.

Schläft bei Dauerschwimmern unter den Rochen wie diesen Teufelsrochen jeweils immer nur eine Hälfte des Gehirns?

Schlafen unter Wasser

Findest Du ein Nickerchen gut? Am besten am Strand unter einer Palme ... Viele lieben das – davon abgesehen, dass es für Menschen und zumindest die allermeisten Tiere notwendig ist zu schlafen. Aber wie macht man das unter Wasser, wie funktioniert das Atmen, oder was ist, wenn jemand kommt und einen fressen will?

Bei einem Stachelrochen, der auf dem Sand liegt, kann man sich das noch vorstellen. Er gräbt sich nachts etwas ein, verlangsamt alle Aktivitäten des Köpers und schläft.

Wie jedoch geht das bei den Dauerschwimmern unter den Rochen, die immer unterwegs sind? Manche Menschen denken, solche Arten schlafen überhaupt nicht, aber das ist sehr unwahrscheinlich. Schlaf ist absolut notwendig. Inzwischen haben Forscher Hinweise darauf gefunden, dass dauerschwimmende Rochen es so machen wie Delfine: Die schlafen nämlich nur mit dem halben Gehirn, die andere Hälfte bleibt wach – und wenn sich eine Gefahr nähert, schlägt die wache Hälfte Alarm. Derjenige Teil des Gehirns, der für das Vor-sich-hin-Schwimmen zuständig ist, scheint zudem sehr einfach gebaut zu sein und gar keinen Schlaf zu brauchen.

Von am Boden schlafenden Haien wissen wir zudem, dass sie sich einfach gegen die Strömung stellen. So gelangt ständig frisches, sauerstoffreiches Wasser über die Kiemen, ohne dass die Tiere irgendwo hinschwimmen müssten. Dann besteht auch keine Gefahr, dass man möglicherweise schlafend gegen das Riff schwimmt. Aber Du siehst schon: Hier gibt es noch eine Menge zu erforschen!

Dieser Rochen hebt seinen Körper an, damit der Putzerfisch darunterschwimmen kann

Durch seine typische Schwimmweise bietet der Putzerfisch dem Blaupunktrochen seine Dienste an

Wichtige Helfer: Putzer

Stell Dir vor, Du wärst gefesselt und eine Fliege tanzt auf Deiner Nase – ganz schön lästig, oder? So ist es für den Manta auch, wenn sich irgendwelche kleinen Parasiten auf ihm niederlassen oder in ihn reinkrabbeln. Sie ernähren sich vom Blut oder von Hautzellen des Rochens. So ein Manta ist riesengroß und hat jede Menge Körperöffnungen, in denen sich Parasiten ansiedeln können. An sich hat jedes Tier Parasiten – auch wir Menschen, insbesondere in armen Ländern, wo es nicht so viele Ärzte gibt. In Deutschland gehen wir regelmäßig zum Arzt, und der hilft uns, solche Plagegeister loszuwerden. Trotzdem ist es bestimmt auch schon an Deiner Schule vorgekommen, dass jemand Läuse hatte – das sind ebenfalls Parasiten. Vielleicht musste Dein Hund oder Deine Katze schon mal eine Wurmkur machen. Mantas und andere Rochen haben weder Hände noch Medizin, um ihre Parasiten loszuwerden. Sie brauchen die Hilfe anderer Tiere.

Symbiose

An der Putzerstation haben sowohl die Mantas als auch die Putzer einen großen Vorteil: Die Putzer finden etwas zu fressen und die großen Rochen werden ihre Plagegeister los. Wenn alle Beteiligten durch das Zusammenarbeiten einen Vorteil haben, nennt man das meist eine Symbiose.

Putzerfische entfernen Parasiten und abgestorbene Haut

Auch bestimmte Garnelenarten übernehmen das Putzen

Dafür gibt es Putzstationen. Das können zum Beispiel große Korallenblöcke sein, auf denen Putzerfische oder Putzergarnelen leben. Insgesamt gibt es davon über 300 verschiedene Arten. Der Rochen schwimmt hin, streckt seine Flossen von sich, öffnet das Maul, und die Truppe der Putzer fängt an, Nahrungsreste, Parasiten, abgestorbene Hautteile und Sonstiges wegzufressen. Sie leben davon. Dazu schwimmen sie in jede Körperöffnung, selbst mutig in das Maul oder in die Kiemen. Die Putzer trauen sich sogar manchmal in den After und schauen, ob da was im Enddarm ist, was sie fressen könnten. Das gefällt den Rochen nicht immer und Taucher haben schon beobachtet, wie Mantas dann heftig pupsen, um die Putzer rauszujagen. Ansonsten aber genießen sie die Pflege durch die Putzer sehr!

Putzerstationen sind die besten Plätze, wenn man als Taucher Mantas sehen will. Manchmal kann man fünf bis sechs von ihnen an solchen Stationen beim Schlangestehen beobachten. Sie warten geduldig, bis Putzerfische und Putzergarnelen Zeit für sie haben. Man kann ganz prima zuschauen. Manchmal haben sie auch Lust, sich von den Luftblasen aus dem Tauchgerät massieren zu lassen. Ein tolles Erlebnis! Solche Putzerstationen existieren natürlich nicht nur für Mantas, sondern wahrscheinlich für alle Rochen und sämtliche großen Fische.

Springende Teufelsrochen

Warum springen Teufelsrochen manchmal aus dem Wasser? Vielleicht, um Artgenossen zu benachrichtigen, wo es Beute gibt. Oder um anzuzeigen, dass sie körperlich fit sind und einen Partner für die Paarung suchen. Offenbar auch, um Fressfeinden zu entkommen. Aber ziemlich sicher ebenfalls, um Parasiten und Schiffshalter loszuwerden. Die Wucht, mit der ein mehrere Meter messender Teufelsrochen auf das Wasser klatscht, schüttelt selbst die manchmal lästigen Schiffshalter ab. Das ist wohl auch ein Grund, warum Wale gerne springen.

Neben den Parasiten gibt es jedoch noch andere Mitreisende: Schiffshalter. Das sind richtig große Fische, sie können gut einen halben Meter lang werden. Schiffshalter lieben es, sich an einen großen Fisch, einen Knorpelfisch oder einen Wal zu hängen. Dazu haben sie eine Art Saugnapf am Hinterkopf, mit dem sie sich anheften, um sich dann durch das Wasser tragen zu lassen. Es gibt sogar welche, die ihr ganzes Leben im Maul eines Mantas bleiben – und der Rochen hat keine Chance, sie loszuwerden. Auf diese Weise sind die Schiffshalter vor Jägern geschützt und müssen nicht selbst schwimmen. Außerdem ernähren sie sich von Parasiten, Hautresten und Kot sowie vor allem im Fall des Manta-Maul-Schiffshalters auch von Nahrung der Mantas,

An diesem Riffmanta reisen Schiffshalter mit

von denen sie mitgetragen werden. Die wiederum werden in vielen Fällen Parasiten und störende abgestorbene Haut los. Zumindest aber schaden Schiffshaltern wohl in den meisten Fällen den Tieren nicht, an denen sie mit durch das Meer reisen.

Ich bin mal neben einem Manta hergeschwommen. Plötzlich löste sich so ein Schiffshalter und saugte sich an meiner Wade fest. Ich musste ganz schön strampeln, bis ich ihn wieder loshatte! Als Erinnerung blieb mir ein dicker „Knutschfleck“ am Bein.

Die Saugfläche der Schiffshalter sitzt am Hinterkopf. Darum ist dieses Exemplar mit dem Rücken nach unten angeheftet.

Manche Rochen sehen ihren nächsten Verwandten sehr ähnlich, den Haien. Hier siehst Du einen Großen Geigenrochen.

Was Rochen auszeichnet

Jetzt hast Du schon eine Menge vor allem über die größten und intelligentesten Rochen gehört, die Mantas. Aber es gibt nicht nur acht weitere Arten der Teufelsrochen, auch *Mobula* genannt, sondern noch viele andere Rochen: Insgesamt schwimmen mindestens 630 verschiedene Arten durch die Gewässer der Welt! Und jedes Jahr werden neue entdeckt. Das hängt damit zusammen, dass die Meere und insbesondere die Hochsee die am wenigsten erforschten Gebiete der Welt sind. Gerade in der Tiefsee finden Forscher immer wieder neue Arten. Von den bisher bekannten Rochen wurde fast die Hälfte erst in den letzten 20 Jahren entdeckt. Sicher warten noch viele weitere Arten darauf, von Wissenschaftlern aufgespürt zu werden.

Schon seit über 200 Jahren wissenschaftlich beschrieben ist der Kuhnasenrochen

Hell/dunkel

Rochen sehen wie viele Fische oder auch Pinguine von unten eher hell und von oben eher dunkel aus. Damit tarnen sie sich beim Schwimmen im Wasser: Blickt ein Räuber nach oben, erkennt er sie kaum, weil sich ihre helle Bauchseite gegen die lichte Meeresoberfläche nur wenig abhebt. Schaut er von oben auf sie herab, kann er sie ebenfalls schwierig ausmachen, da ihre dunkle Körperseite sie vor dem dunklen Meeresboden gut verbirgt.

Meist zeigen Rochen zudem ein Muster, damit ihre Körperform sie nicht verrät. Dadurch können sie sich sowohl besser an Beute anschleichen als auch vor Feinden verstecken.

Wie Dir das schlaue Eulchen Xabi auf Seite 17 schon berichtet hat, besitzen Rochen ebenso wie Haie und Chimären kein Knochenskelett, sondern ein Knorpelskelett. Der Vorteil eines solchen Knorpelskeletts ist das geringere Gewicht: Daher müssen sich Knorpelfische wie Rochen und Haie beim Schwimmen nicht so anstrengen. Sie haben somit mehr Kraft zum schnellen Schwimmen und zum Jagen übrig. Knochenfische gleichen diesen Nachteil mit einer Schwimmblase in ihrem Körper aus. So eine Schwimmblase ist wie ein Luftballon im Körper, der Auftrieb gibt. Knorpelfischen fehlt eine Schwimmblase, aber ihre Leber ist riesig und voll mit Öl und Lebertran. Auch sie verleiht ihnen Auftrieb und erleichtert das Schwimmen.

Es gibt heute noch Haie, die fast wie Rochen aussehen, zum Beispiel die Engelshaie. Andererseits existieren Rochen, die Haien ähnlich sind, wie die Geigenrochen oder die Sägerochen, von denen Du weiter hinten im Buch mehr erfährst. Man könnte sagen, Rochen seien nichts anderes als „plattgedrückte Haie“. Ganz falsch ist das nicht, denn beide Tiergruppen sind sehr eng miteinander verwandt und ihr Körperbau ist überaus ähnlich. Am einfachsten kannst Du sie unterscheiden, wenn Du Dir anschaust, wo die Kiemenspalten liegen: Diese sind bei Haien an der Seite gut zu sehen, während sie bei Rochen unten auf der Brust liegen. Bei allen Rochenarten sind es fünf Kiemenspalten – nur der Sechskiemen-Stachelrochen besitzt sechs davon, wie es sein Name schon verrät.

Der Hai, der wie ein Rochen aussieht

Fast wie ein Gitarrenrochen sieht der Engelshai aus. Dass er wirklich ein Hai ist, erkennt man daran, dass seine fünf Kiemenspalten an der Seite des Kopfes und nicht auf dem Bauch liegen. Der Engelshai kann gut zwei Meter groß werden und jagt gerne kleine Haie und Rochen, aber auch Krebse und Knochenfische. Wenn Du Glück hast, kannst Du ihn beim Schnorcheln auf den Kanaren beobachten.

Die Ähnlichkeit zwischen Rochen und Haien kommt daher, dass Haie Vorfahren der Rochen waren. Zu einer Zeit, als riesige schwimmende Saurier die Ozeane bevölkerten, entwickelten sich vor etwa 150 Millionen Jahren die ersten Rochen vermutlich aus bodenlebenden Haien wie den heutigen Engelhaien. Diese Rochen und ihre Nachfahren waren noch besser an das Leben auf Sand- und Schlickböden angepasst. Die ersten Rochen ähnelten unseren heutigen Gitarrenrochen und Sägerochen, die nach wie vor Haien sehr stark gleichen. Andere Familien wie die Stachelrochen oder die Elektrischen Rochen sind noch viel stärker auf das Leben am weichen Meeresgrund spezialisiert.

Eine Gruppe der Rochen hat sich später wieder an das freie Wasser angepasst und lebt nicht mehr auf dem Meeresboden. Es sind hervorragende Schwimmer, die ihre riesigen Flossen wie Flügel einsetzen. Du kennst sie schon: Es sind die Adlerrochen und die Teufelsrochen, wobei die Adlerrochen noch am Meeresboden nach ihrer Beute jagen, während die Teufelsrochen im freien Wasser Plankton aus dem Meer sieben.

Seit Urzeiten

Haie und Rochen haben bis heute überlebt, während die Saurier vor 60 Millionen Jahren ausgestorben sind. Letztendlich waren die Rochen und Haie den Sauriern überlegen. Inzwischen kann man sagen: Sie sind die Beherrscher der Meere, es gibt sie in allen Gebieten und Ökosystemen, vom Flachwasser bis in die Tiefsee – und einige Arten haben sogar das Süßwasser erobert.

Allen Rochen ist gemeinsam, dass die Brustflossen verbreitert sind, allerdings unterschiedlich stark. Bei den Säge- und Geigenrochen sind sie einfach verbreitert, aber deutlich erkennbar. Sie helfen ihnen beim Schwimmen, in erster Linie nutzen sie hierfür jedoch ihre Schwanzflossen, die sie von ihren Hai-Vorfahren geerbt haben. Auf diese Art schwimmen sie häufig über den Sand an der Riffkante. Meist sieht man sie allerdings auf dem Sand unter einem Riffüberhang liegen.

Ganz anders die Mantas oder auch die Adlerrochen, von denen das schlaue Eulchen Xabi und ich gleich mehr berichten. Sie besitzen überhaupt keine Schwanzflosse mehr – dafür aber riesige Brustflossen, mit denen sie Flugbewegungen wie Vögel ausführen. Es sieht sehr majestätisch aus, wenn eine Gruppe dieser Tiere „vorbeifliegt". Wieder anders ist es bei der Familie der Stachelrochen. Bei ihnen siehst Du überhaupt nicht, wo die Flossen aufhören und der Körper beginnt. Sie schwimmen oft nur kurze Strecken, wobei sie mit ihren Flossen eine Art Wellenbewegung erzeugen und dadurch vorwärtskommen.

Stachelrochen bewegen sich durch eine Art Wellenbewegung ihrer Flossen fort

Die heute lebenden Rochen entwickelten sich vor rund 150 Millionen Jahren aus Haien

Teufelsrochen, Adlerrochen oder auch diese Java-Kuhnasenrochen schlagen mit ihren Flossen wie Vögel mit ihren Flügeln

Das Manta-Ballett

Vor der Paarung versuchen Manta-Männchen die Weibchen zu beeindrucken. Das ist bei fast allen Tieren so. Sie schwimmen manchmal über dem Weibchen und klopfen mit den Kopfflossen auf den Kopf der Auserwählten, die dann mit hoher Geschwindigkeit losrast – bis zu 30 Kilometer pro Stunde kann so ein Manta schnell sein. Das Männchen düst hinterher, andere Männchen schließen sich an. Da kann es dann sein, dass ein Weibchen von zehn Männchen hintereinander verfolgt wird. Wie ein Eilzug flitzen die Rochen durch das Riff, machen Loopings und schlagen Haken.

Auf diese Art findet das Weibchen heraus, welches das schnellste, stärkste und ausdauerndste Männchen ist. Das geht so lange, bis das Weibchen sich entscheidet. Dann beißt sich das Männchen an der Flosse der Partnerin fest und sie „feiern Hochzeit“, sie paaren sich. Darum sieht man bei vielen „Rochendamen“ kleine Narben am vorderen Teil der Brustflossen.

Nur wenig wissen wir über das Paarungsverhalten anderer Rochenarten. Allerdings scheint das Festbeißen des Männchens ein gängiges Verhalten vieler Arten zu sein.

Wunderschön anzusehen ist das „Ballett“, das Mantas und andere Teufelsrochen zeigen, wenn die Männchen um die Gunst der Weibchen werben

Bislang nur sehr selten beobachtet: die Geburt von Rochen

Von Eiern und Jungtieren

Die Fortpflanzung von Knochenfischen und Knorpelfischen unterscheidet sich ganz grundlegend voneinander. Bei den Knochenfischen läuft sie in aller Regel so ab, dass das Weibchen die Eier ablegt und das Männchen sie anschließend befruchtet. Manchmal sind das Hunderttausende von Eiern, aus denen winzig kleine Larven schlüpfen. Die meisten davon werden recht schnell verspeist, zum Beispiel von Planktonfressern wie dem Manta.

Bei den Knorpelfischen kommen viel weniger Jungtiere zur Welt – allerdings sind sie schon viel größer. Dadurch haben sie zwar eigentlich eine bessere Chance, zu überleben, aber weil es eben nur wenige sind, ist ihr Bestand trotzdem schnell überfischt. Darum sind auch so viele Arten bedroht.

Ein weiterer Unterschied zu den meisten Knochenfischen ist, dass es bei Knorpelfischen zu einer inneren Befruchtung kommt. Das bedeutet, die Eier werden im Mutterleib befruchtet. Dafür nutzen die männlichen Rochen ihre sogenannten Klasper. Das sind umgeformte, aufgerollte Bauchflossen, die dazu dienen, den Samen zu übertragen. Die Rochenbabys wachsen im Mutterleib heran und kommen anschließend als lebende Junge zur Welt, werden also geboren. Bei manchen Arten können das schon mal 50 Junge auf einmal sein. Beim Manta dagegen ist es in der Regel nur ein Junges und das höchstens alle zwei bis drei Jahre. Manchmal dauert es sogar sechs bis

Dieser kleine Fleckenrochen ist gerade aus dem Ei geschlüpft

sieben Jahre, bis erneut Babys kommen. Mantas vermehren sich also extrem langsam.

Einige Rochenarten legen jedoch Eier. Diese befestigen sie am Meeresboden oder an Pflanzen, damit sie nicht ans Ufer gespült werden und austrocknen. Bei Sturm werden manchmal trotzdem Eier losgerissen und Du kannst sie beim Spaziergang am Strand finden. An der Form der Eier lässt sich genau erkennen, von welcher Art sie stammen. Wenn Wissenschaftler ein Ei entdecken, hilft es ihnen herauszufinden, wo welche Rochenart lebt.

Hier kannst auch Du helfen! Wenn Du also ein Rochenei findest, ob an der Nordsee, am Mittelmeer oder in der Karibik, dann mach ein Foto, am besten zusammen mit einem kleinen Lineal oder einfach einem Geldschein daneben (um die Größe vergleichen zu können). Du kannst das Foto zusammen mit dem Datum und dem Fundort auf folgender Webseite hochladen: www.eggcase.org. Die Seite ist in englischer Sprache, Du wirst also wahrscheinlich die Hilfe Deiner Eltern benötigen.

Manchmal werden ganze Bündel von Rocheneiern am Strand angeschwemmt

Fressen und gefressen werden

Der Blaupunktrochen hat im Sand eine Beute aufgespürt und macht sich darüber her

Die ersten Rochen, die vor vielen Millionen Jahren lebten, waren Bodenbewohner. Sie lagen meist auf dem Sand und ernährten sich von Schnecken, Krebsen und anderen Bodenlebewesen. Viele ihrer Beutetiere waren damals gepanzert oder hatten harte Schalen – und das ist bis heute so geblieben. Rochen brauchten darum stabile Zähne, um die Schalen zu zermalmen, also zu knacken, und keine spitzen Zähne, um Fische festzuhalten, wie die meisten Haie. Von diesen Malmzähnen besitzen sie oben und unten mehrere Reihen. Die können wie ein Schraubstock alles aufbrechen. Diese Ernährungsweise ihrer Vorfahren haben die meisten Rochen beibehalten.

Ausnahmen sind die Teufelsrochen und einige andere wie die Sägerochen, die mit ihrem Schwert Fische erschlagen, um sie dann zu fressen, oder die Zitterrochen, die zum Beispiel Flundern und Schollen einen elektrischen Schlag verpassen, um sie zu betäuben.

Rochen haben jedoch auch selbst viele Feinde, die sie „zum Fressen gern haben". Um ihnen zu entgehen, verfügen sie neben der Tarnung über verschiedene Abwehrmöglichkeiten. Manche Rochen vergraben sich im Sand und hoffen, nicht gesehen zu werden. Andere tragen am Schwanz einen Giftstachel zur Verteidigung oder verteilen starke elektrische Schläge, um Angreifer zu vertreiben. Große, ausgewachsene Sägerochen schlagen mit ihrem Schwert zurück und können damit selbst größere Haie töten. Viele Rochen sind also alles andere als wehrlos!

Viele Feinde!

Natürlich gilt auch für die Rochen: Große Tiere fressen kleinere und diese müssen sich verstecken. Einige Haiarten wie die Hammerhaie erbeuten mit Vorliebe Rochen. Auch große Zackenbarsche oder Muränen lassen sich gerne mal einen Rochen schmecken.

Aber selbst ausgewachsene Mantas können das Opfer von Haien oder Schwertwalen werden. An manchen Orten, zum Beispiel vor der Küste Mosambiks in Afrika, sieht man immer wieder Mantas, denen ein großes, halbrundes Stück in der Flosse fehlt. Da hat meist ein großer Tigerhai zugeschlagen. Der Hai hatte dann ein Stück Flosse, aber der Manta konnte sich mit Höchstgeschwindigkeit retten.

Manchmal sehen Forscher so ein verletztes Tier nach einiger Zeit wieder – sie erkennen es an den Flecken auf dem Bauch. Von solchen Beobachtungen wissen wir, dass selbst große Verletzungen wieder zuwachsen. Bei Rochen und Haien heilen solche Wunden erstaunlich gut, viel besser als bei uns Menschen.

Viele Tiere wie dieser Kormoran lassen sich gerne mal einen Rochen schmecken

Mit Sand bedeckt, ist dieser Amerikanische Stechrochen kaum zu sehen. Wird er dennoch aufgespürt, kann er sich mit seinen beiden Giftstacheln zur Wehr setzen.

Namensgebung

Früher war das ein Riesendurcheinander mit den Namen von Tieren und Pflanzen. Nicht nur, dass eine bestimmte Art auf Englisch, Deutsch oder Chinesisch unterschiedlich heißt. Selbst bei uns in Deutschland gibt es für manche Tiere zwei oder mehr unterschiedliche Namen.
Darum begann der schwedische Naturforscher Carl von Linné im 18. Jahrhundert, Tieren und Pflanzen wissenschaftliche Namen zu geben. Diese Namen sind meist lateinischen Ursprungs und bestehen aus zwei Wörtern. Das erste Wort wird groß geschrieben und bezeichnet die Gattung, das zweite wird klein geschrieben und benennt die Art. Eng verwandte Arten stehen in derselben Gattung. Eng verwandte Gattungen sind wiederum in derselben Familie, darüber gibt es dann noch die Ordnung und die Klasse. Mit diesem System lassen sich alle wunderbar einsortieren und jeder überall auf der Welt weiß genau, welche Art gemeint ist.
So heißt der Riesenmanta *Mobula birostris* und der Atlantische Teufelsrochen *Mobula mobular*.

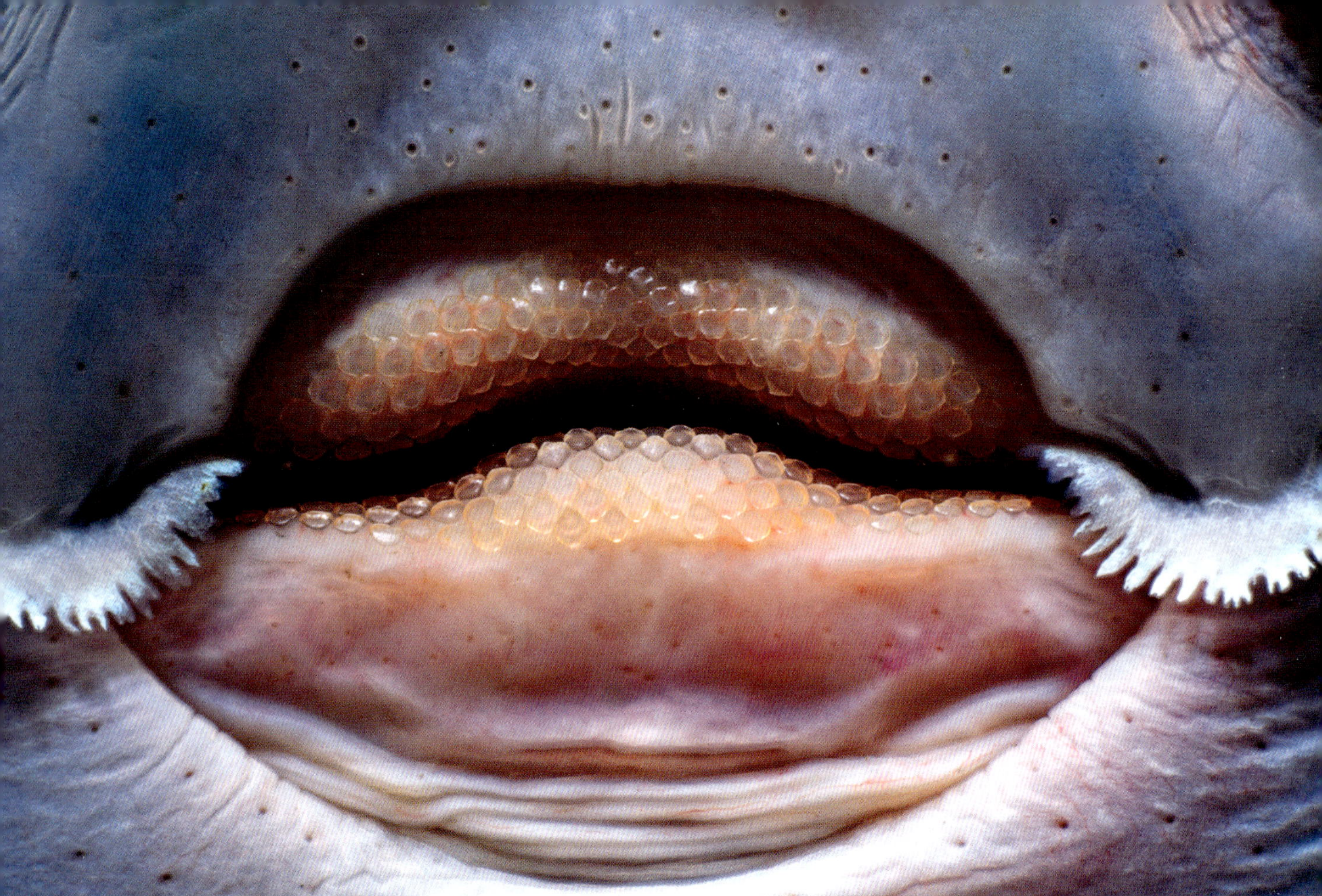

Die Malmzähne vieler Rochen sind perfekt dazu geeignet, hartschalige Beute zu knacken

Nie wieder Zahnarzt

Wenn Du oder ich einen Zahn verlieren, dann ist das Mist – Zahnarzt, Schmerzen und teuer, alles kommt zusammen. Für Rochen ist das kein Problem! Wir haben nämlich nur 32 Zähne, Rochen dagegen meist ein paar Hundert. Da macht es zum einen nichts aus, wenn einer fehlt. Bei manchen Arten stehen zum anderen jedoch 50 Reihen von Zähnen hintereinander, bei anderen sogar 80. Das ist so ähnlich wie bei den Haien, da heißt das Revolvergebiss: Ständig werden nach und nach die äußeren Zahnreihen durch die dahinter liegenden ersetzt.

Je nachdem, was man isst, braucht man unterschiedliche Zähne. Fischfressende Rochen besitzen kleine, spitze Zähne, damit sie die zappelnde Beute sicher festhalten können. Andere Arten, die am liebsten Muscheln oder Krebse fressen, haben flache, sehr stabile Zähne, um die Schalen zu knacken, die schon erwähnten Malmzähne, ein wenig wie Deine Backenzähne.

Zähnchen sogar auf der Haut!

Aber damit nicht genug. Wenn Du die Haut eines Rochens oder Hais berührst, fühlt sie sich nicht glitschig wie bei einem Karpfen an, sondern meist rau und griffig. Viele Rochenarten ebenso wie Haie haben nämlich fast überall kleine Zähne, sogar auf der Haut! Das sind echte kleine Zähne mit Zahnschmelz, Zahnbein, Blutgefäßen und Nerven. Je nach Rochenart sind es mehr oder weniger Zähnchen. Bei Rochen und Haien bedecken also solche Minizähnchen die Haut, nicht Schuppen wie bei den Knochenfischen. Das macht ihre Haut sehr rau und wirkt als Schutz, wie bei einem Kettenhemd. Bei einigen Arten wie den Nagelrochen aus der Nordsee werden manche der Hautzähnchen richtig groß und man kann sich verletzten, wenn man versucht, den Rochen festzuhalten.

Rochen-Leder

Da die Haut der Rochen so fest und widerstandsfähig ist, wird sie auch heute noch manchmal zu Leder verarbeitet. Griff und Scheide dieses Samurai-Schwertes sind damit umwickelt.

Die Hautzähnchen sind nach hinten gerichtet, und wenn man von vorne nach hinten über das Tier streicht, fühlt es sich glatt an, in die andere Richtung dagegen ganz rau, wie Schmirgelpapier. Genau dafür haben früher Bootsbauer und Schreiner die Rochenhaut auch oft benutzt. In Japan verwendeten die Samurai, also die dortigen Ritter, die Rochenhaut für die Griffe ihrer Schwerter. Die raue Oberfläche verhinderte, dass ihnen das Schwert aus der Hand rutschte, selbst wenn sie ganz verschwitzt war.

Hautzähnchen eines Nagelrochens

Die Zähnchen auf der Haut funktionieren aber nicht nur als Schutz, sondern sie haben noch einen weiteren Vorteil: Sie verhindern, dass sich beim Schwimmen kleine, bremsende Wasserwirbel über der Haut bilden. Dadurch brauchen die Tiere weniger Kraft, weniger Energie zum Schwimmen. Das ist besonders vorteilhaft für die schnell schwimmenden Haie.

Dieses „Antiwirbelsystem“ funktioniert so prima, dass wir Menschen es nachmachen. Es gibt inzwischen sowohl Flugzeuge als auch U-Boote mit so einer Haihaut-Struktur. Manche Forscher beschäftigen sich nur mit solchen speziellen Erfindungen von Tieren und Pflanzen und versuchen, sie für die Technik des Menschen nachzubauen. Diese Wissenschaft heißt Bionik.

An manchen Körperstellen werden die Hautzähnchen bestimmter Arten recht groß

Mantas sind die größten und bekanntesten Rochen. Es gibt aber noch viel mehr spannende Arten!

Bekannte Rochenarten im Porträt

Von einigen Rochenarten hast Du oben ja schon recht viel gelesen, vor allem von den Mantas. Du weißt aber auch bereits, dass es rund 630 Arten dieser Tiergruppe gibt. Die spannendsten davon möchten Dir das schlaue Eulchen Xabi und ich nun näher vorstellen.

Sägerochen

Wie die Mantas sind auch die Sägerochen oder Sägefische wirklich riesige Tiere. Die größten Sägerochen werden über sieben Meter lang! Ein Viertel davon misst das Schwert, das nichts anderes als ihr lang gezogener Oberkiefer ist. Am Rand dieses Schwertes stehen Zähne, ähnlich wie bei einer Säge. Mit ihrem Schwert können sie um sich schlagen, um kleine Fische zu töten, die sie dann leicht fressen können. Aber auch zur Verteidigung gegen Haie nutzen sie ihre gefährliche Waffe. Einmal soll ein Sägerochen damit sogar ein Ruderboot versenkt haben. Das Schwert dient jedoch zusätzlich dazu, um damit im Boden zu wühlen und mittels des elektromagnetischen Sinns Beutetiere wie Schnecken und Krebse aufzuspüren.

Sägerochen sind besonders eindrucksvolle Tiere!

Andere Schwertkämpfer

Nicht nur die Sägefische haben Schwerter, um damit zu jagen, zu graben oder sich zu verteidigen. Die Sägehaie sind den Sägerochen sehr ähnlich und besitzen ebenfalls ein Schwert mit Sägezähnen. Die Narwale in der Nähe des Nordpols besitzen ein riesiges „Horn", das aber eigentlich ein einzelner Stoßzahn ist. Und die Schwertfische, die schnellsten Fische überhaupt, tragen ein Schwert ohne Sägezähne. Sie werden über vier Meter groß und haben auch schon Boote oder Haie aufgespießt.

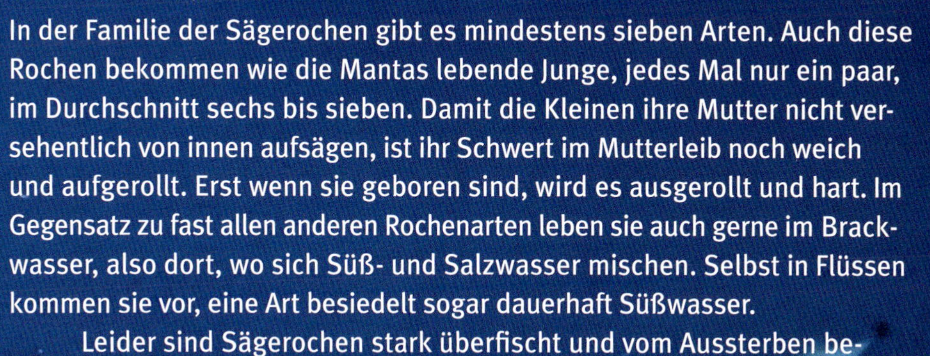

In der Familie der Sägerochen gibt es mindestens sieben Arten. Auch diese Rochen bekommen wie die Mantas lebende Junge, jedes Mal nur ein paar, im Durchschnitt sechs bis sieben. Damit die Kleinen ihre Mutter nicht versehentlich von innen aufsägen, ist ihr Schwert im Mutterleib noch weich und aufgerollt. Erst wenn sie geboren sind, wird es ausgerollt und hart. Im Gegensatz zu fast allen anderen Rochenarten leben sie auch gerne im Brackwasser, also dort, wo sich Süß- und Salzwasser mischen. Selbst in Flüssen kommen sie vor, eine Art besiedelt sogar dauerhaft Süßwasser.

Leider sind Sägerochen stark überfischt und vom Aussterben bedroht. Damit ihnen dieses Schicksal erspart bleibt, wurden sie unter höchsten internationalen Schutz gestellt. Das bedeutet, dass sie selbst oder Körperteile von ihnen nicht von Land zu Land verkauft werden dürfen. Auch viele Länder selbst schützen sie heute. Dennoch enden leider viel zu viele als Beifang in Netzen oder werden illegal gefischt.

Manche Zoos zeigen Sägerochen, um auf ihre Gefährdung aufmerksam zu machen

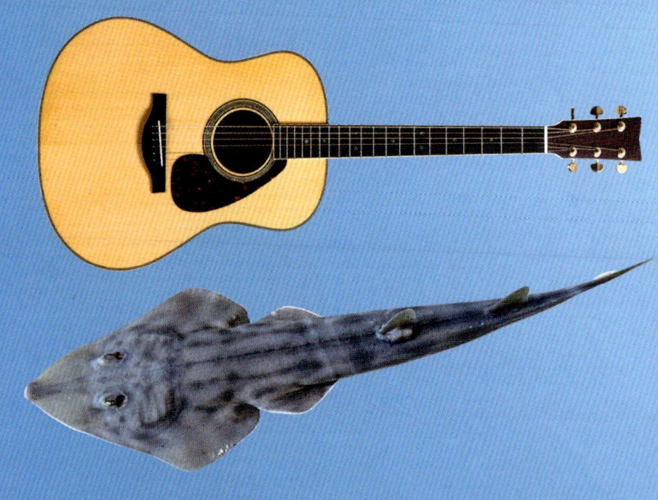

Die Form von Geigen- oder Gitarrenrochen erinnert an die der gleichnamigen Musikinstrumente

Gitarrenrochen

Eine andere Gruppe von Rochen sind die Gitarren- oder Geigenrochen. Mit etwas Fantasie haben sie die Form dieser Musikinstrumente, daher ihre Namen. Sie waren die ersten Rochen, die sich in der Urzeit aus Haien entwickelt haben. Wenn man von den verbreiterten Brustflossen absieht, sehen sie manchen Haiarten recht ähnlich. Wie die Sägerochen tragen sie haiähnliche Rückenflossen und sind darum stark gefährdet, da ihnen deswegen stark nachgestellt wird – mehr darüber erfährst Du weiter hinten im Buch. Ihre starke Ähnlichkeit zu Haien bewirkt auch, dass sie von vielen Menschen als Haie und nicht als Rochen betrachtet werden.

Die meisten Arten leben in warmen, tropischen Gewässern. Früher konnte man sie auch regelmäßig im Mittelmeer oder an der portugiesischen Küste beobachten, heute sind sie hier fast ausgerottet. Sie halten sich am liebsten über dem Sand in der Nähe von Korallenriffen auf, wo sie sich in kleinen Höhlen verstecken. Manche Arten werden gut drei Meter lang. Sie sind für Menschen absolut harmlos und leben wie die meisten Rochen von Muscheln und Krebsen, die sie aus dem Sand graben. Allerdings fanden Forscher im Kopf einiger toter Gitarrenrochen eine Reihe von Stacheln, die von Stachelrochen stammten.

Geigenrochen sieht man an, dass sie nah mit Haien verwandt sind

Eine breite Schnauze besitzt nur der Rundmaul-Geigenrochen

Dass die Kiemenspalten an der Unterseite liegen, zeigt Dir, dass es sich tatsächlich um Rochen handelt

Offenbar hatten die Gitarrenrochen die Stachelrochen gepackt, die wehrten sich mit ihrem Schwanz und wegen der Widerhaken brachen die Stacheln in den Gitarrenrochen ab und blieben stecken.

Gitarrenrochen bekommen bis zu zehn Junge, die voll entwickelt geboren werden. Sie sind die nächsten Verwandten der Sägerochen, denen sie auch ähnlich sehen, nur fehlt ihnen das Schwert. Bis auf eine Art haben alle einen sehr spitzen Kopf, daran kannst Du sie gut erkennen.

Am liebsten suchen Geigen- oder Gitarrenrochen nahe über dem Boden nach Beute

Zitterrochen

Diese Tiere nutzen Elektrizität schon viel länger als der Mensch. Zitter- oder Torpedorochen haben im Lauf ihrer Entwicklung Muskelpakete in elektrische Organe umgewandelt, sozusagen eingebaute Batterien, die sich immer wieder aufladen. Wenn man einen solchen Rochen ärgert, beispielsweise versucht, ihn mit der Hand zu fangen, vermag er einem einen sehr schmerzhaften elektrischen Schlag zu verpassen. Das kann sogar bewusstlos machen! Die Tiere nutzen diese Verteidigung durch Stromschlag auch, wenn sie von ihrem Hauptfeind angegriffen werden, den Haien.

Das elektrische Organ ist allerdings vor allem dazu da, Beute zu machen. Zitterrochen lauern gerne im Sand eingegraben, bis ein Fisch vorbeischwimmt. Dann betäuben sie ihn mit einem elektrischen Schlag und können ihn in aller Ruhe auffressen. Manchmal legen sie sich auch einfach auf eine eingegrabene Flunder und betäuben sie. Kleinere Zitterrochen verspeisen vor allem Garnelen und Schnecken.

Als Fischjäger zählen die elektrischen Rochen zu den wenigen Arten mit spitzen Zähnen. Damit können sie ihre glitschige Beute leichter festhalten. Insgesamt sind bereits 68 Arten bekannt. Sie leben nicht nur im Flachwasser, sondern auch in der Tiefsee – darum gibt es mit Sicherheit noch einige unbekannte Arten. Im Schnitt wird jedes Jahr eine neue Art der Zitterrochen entdeckt!

Stromerzeuger

Torpedorochen können eine elektrische Spannung von über 200 Volt erzeugen. Zum Vergleich: Im Haushalt sind 230 Volt an der Steckdose üblich.

Der Gefleckte Zitterrochen kommt nicht nur an afrikanischen Küsten vor, sondern auch an der Südwestküste Spaniens

Zitterrochen spüren ihre Beute auch dann auf, wenn sie im Sand vergraben ist

Bogenstirn-Zitterrochen gehen tagsüber auf die Jagd

Gut getarnt ruht dieser Kleine Zitterrochen auf dem Sandboden

Der größte elektrische Rochen ist der Atlantische Torpedorochen, der immerhin 180 Zentimeter groß wird, also etwa so groß wie ein erwachsener Mann. Er kommt bis in 1 000 Meter Tiefe vor. Zitterrochen können 50 bis 60 lebende Junge auf einmal bekommen. Zum Glück schmecken sie total langweilig – darum werden sie nicht gezielt gefischt und sind nicht vom Aussterben bedroht.

Anders als viele andere Rochenarten haben sie keine Minizähnchen auf der Haut. Ihre Haut ist ganz glatt. Zitterrochen erkennst Du leicht an ihren zwei kleinen Rückenflossen und dem rundlichen Körper. Ähnlich wie Gitarren- und Sägerochen, aber anders als die meisten übrigen Rochenarten nutzen sie zum Schwimmen hauptsächlich die Schwanzflosse und nicht die Brustflossen.

Zitterrochen bewegen sich vor allem mithilfe ihrer Schwanzflosse voran

Stachelrochen

Stachelrochen sind diejenigen Rochen, die man am häufigsten zu Gesicht bekommt. Es gibt etwa 100 Arten. Sie leben eher im flachen Wasser bis in Tiefen von rund 100 Metern. Viele von ihnen lassen sich beim Tauchen oder Schnorcheln beobachten, am besten in tropischen Gewässern – in der kalten Nordsee sind sie sehr selten.

Bei Stachelrochen sind Kopf, Körper und Brustflossen regelrecht miteinander verschmolzen. Daher handelt es sich um rundliche, manchmal recht große Tiere mit einem dünnen, peitschenähnlichen Schwanz, auf dem sich zwei bis drei Giftstacheln mit Widerhaken befinden. Das kann gefährlich werden, wenn man auf ein solches Tier tritt!

Einige Arten haben einen Durchmesser von zwei bis drei Metern, andere werden nur 30 Zentimeter groß. Du musst meist sehr genau hinschauen, um sie zu entdecken, denn sie lieben es, sich einzubuddeln, um sich zu verbergen. Nur die Augen schauen oft noch heraus. Mir ist es schon häufig passiert, dass ich beim Tauchen über eine Sandfläche geschwommen bin – plötzlich kommt die Fläche unter mir in Bewegung und ein oder zwei Rochen schießen davon!

Die meisten Arten leben auf Sand- und Schlickflächen, wo auch ihre Beute vorkommt: Muscheln, Schnecken und verschiedene Krebse. Einige Stachelrochen jagen auch Fische. Alle bekommen lebende Junge.

Wenn Stachelrochen im Sand Beute ausgraben, kommen manchmal andere Fische dazu. Sie hoffen, dass auch für sie etwas abfällt.

Vorsicht!

Wer als Tourist am Roten Meer unterwegs ist, sieht am häufigsten die kleinen Blaupunkt-Stachelrochen. Das sind sehr schöne Tiere, die sich gut beim Schnorcheln beobachten lassen. Sie liegen meist am Rand des Riffs. Aber aufpassen: Nicht auf den Rochen treten, sonst benutzt er seinen Stachel!

Hier haben Fischer in Asien einen Süßwasser-Stechrochen gefangen

Ein Süßwasser-Stechrochen in seinem Lebensraum, einem klaren Bach in Peru

Stachelrochen besiedeln nicht nur das Meer, sie wandern auch in manche Flüsse. Es gibt zudem mindestens 37 Arten echter Süßwasser-Stachelrochen. Sie leben ständig im Amazonas und einigen anderen Strömen Südamerikas. Es sind ausgesprochen farbenfrohe Tiere. Deshalb werden sie auch in Heimaquarien gehalten – zumindest, solange sie klein sind, denn immerhin können manche bis zu zwei Meter Durchmesser erreichen!

In den flachen und trüben Flüssen und Bächen übersieht man sie leicht, tritt auf sie, und sie schlagen mit dem Stachel an ihrem Schwanz zu. Deshalb gibt es relativ häufig Unfälle mit Süßwasserrochen. Die Ureinwohner der Amazonas-Region betrachten diese Rochen daher als weitaus gefährlicher als Piranhas. In Südostasien leben ebenfalls einige Arten von Stachelrochen in Flüssen.

Bis zu zwei Meter lang wird der imposante Amerikanische Stechrochen

Im Roten Meer kann man solchen gefleckten Adlerrochen begegnen

Bei Kuhnasenrochen läuft der Kopf nicht spitz zu

Kuhnasenrochen sind oft gemeinsam unterwegs

Adlerrochen und Kuhnasenrochen

Beim Urlaub am Roten Meer hat man gute Chancen, beim Schnorcheln einem Adlerrochen zu begegnen. Diese Tiere „fliegen“ ähnlich wie Mantas durch das freie Wasser. Wenn man sich nicht auskennt, kann man sie in der Aufregung leicht verwechseln. Der offensichtliche Unterschied ist, dass Adlerrochen keine Kopfflossen haben, also keine „Hörner“. Es gibt mehrere Arten dieser Tiere. Diejenigen im Roten Meer sind schwarz mit kleinen, weißen Punkten, auch daran kannst Du sie gut erkennen. Die Arten, die im Mittelmeer oder bei den Kanaren leben, sind graubraun gefärbt.

Nahe mit den Adlerrochen verwandt sind die Kuhnasenrochen. Um beide nicht miteinander zu verwechseln, musst Du Dir ihren Kopf anschauen. Er ist bei den meisten Adlerrochen etwas spitz, fast wie ein Schnabel, oder auch halbrund. Bei Kuhnasenrochen dagegen ist er vorne platt und eingekerbt. Gemeinsam ist beiden dagegen der lange, peitschenartige Schwanz mit einem oder mehreren Stacheln mit Widerhaken.

In ihrer Lebensweise sind sich Adler- und Kuhnasenrochen sehr ähnlich. Obwohl sie wie Teufelsrochen meist in freiem Wasser schwimmen, ernähren sie sich ganz anders als sie. Zum Fressen gehen sie zum Meeresgrund, bis in Tiefen von 100 Metern. Sie suchen im Sand nach Muscheln und Krebsen. Dabei können Kuhnasenrochen einen richtigen Wasserstrahl erzeugen, um damit die Beute freizuspülen. An die harten Muschelschalen haben sie ihre Zähne perfekt angepasst: Anstelle einzelner Zahnreihen besitzen sie regelrechte Zahnplatten, mit denen sie selbst dicke Muscheln und Schnecken knacken können.

Beide Gruppen haben ein ähnliches Paarungsverhalten wie die Mantas. Und auch sie bekommen lebende Jungen und vermehren sich nur langsam.

Mit etwas Glück kann man einen Adlerrochen beim Springen sehen. Ein Freund von mir hat beobachtet, wie einer sehr schnell schwamm und zwei-, dreimal aus dem Wasser schoss. Dann tauchte plötzlich ein großer Hammerhai auf, der ihn jagte. Der Rochen hatte wohl durch die Sprünge versucht, dem Hai zu entkommen. Das klappte aber letztlich nicht – der Hai war schneller!

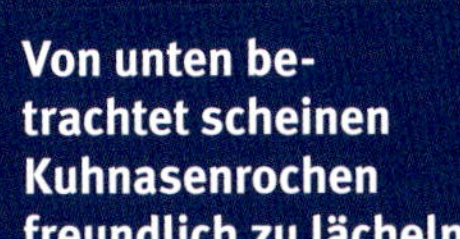

Von unten betrachtet scheinen Kuhnasenrochen freundlich zu lächeln

Rochen und Menschen

In den Zeiten, als es nur Segelschiffe gab und die Menschen sehr wenig über die Meere wussten, erzählten sich Seeleute viele Geschichten über Seeungeheuer. Wenn plötzlich ein sieben Meter messender Manta neben dem Schiff aus dem Wasser springt, kann einem das schon einen gehörigen Schrecken einjagen. Die Seeleute dachten wohl, der Teufel persönlich komme, um sie zu holen. Aus dieser Zeit stammt auch der Begriff „Teufelsrochen", der sich bis heute gehalten hat, obwohl Mantas friedliche Tiere sind, die niemanden angreifen.

Schreckliche Geschichten kursierten auch über die großen Sägerochen, die ebenfalls über sieben Meter groß werden können. Beispielsweise, dass Menschen von ihnen durchgeschnitten worden seien – aber das ist wohl ein Märchen. Allerdings kann es passieren, dass sie Haie schwer verletzen, die versuchen, sie zu fressen. Das geht nicht unbedingt gut aus für den Hai ... Richtig sauer werden sie auch, wenn ein Fischer sie ins Boot zieht. Wenn ein gefangener Sägerochen tobt und mit dem Schwert um sich schlägt, dann fliegen die Späne!

Wie Du schon weißt, kann eine echte Gefahr auch von vergrabenen Stachelrochen ausgehen: Wenn jemand aus Versehen auf einen tritt, schlägt er mit dem Schwanz nach oben und kann böse Verletzungen verursachen. Besonders groß ist dieses Risiko in den relativ flachen und trüben Gewässern des Amazonas. Dort gibt es regelmäßig schwerwiegende Zwischenfälle.

Der bekannte Naturschützer, Dokumentarfilmer, Abenteurer und Zoodirektor Steve Irwin kam sogar durch einen Stachelrochen zu Tode. Während Filmaufnahmen am Großen Barriereriff in Australien schlug ihm ein solches Tier plötzlich seinen Stachel unglücklicherweise genau ins Herz.

Tauchern gegenüber verhalten sich Mantas absolut friedlich

Einmal Rochen und andere Meerestiere hautnah zu erleben, ist ein unvergessliches Erlebnis

Besonders mit großen Rochen lässt sich viel Geld verdienen, ohne den Tieren zu schaden. Für Taucher ist es ein unvergessliches Erlebnis, Mantas, Adlerrochen oder große Gitarrenrochen zu beobachten, und das lassen sie sich etwas kosten. Das Geld verdienen beispielsweise Tauchlehrer oder Besitzer von Ausflugsbooten. Ein lebender Manta ist darum viel mehr wert als ein toter. Außerdem bringt ein toter Rochen nur einmal Geld, während ein lebender dauerhaft Gewinn abwirft.

Allerdings solltest Du auf ein paar Dinge achten, falls Du einmal das Glück hast, mit ihnen im Wasser zu sein. Ganz wichtig ist es, die Tiere zu respektieren und ihnen keine Angst einzujagen. Zum Beispiel solltest Du nie von vorne auf sie zuschwimmen, sondern immer von schräg hinten. Dadurch können sie leicht davonschwimmen, wenn sie sich gestört fühlen. Außerdem solltest Du sie niemals berühren, denn sonst könnten sie das Gefühl bekommen, angegriffen zu werden. Wenn man solche Regeln beachtet, kann man faszinierende Erlebnisse mit diesen majestätischen Tieren haben.

Hohe Einnahmen!

Man schätzt, dass jedes Jahr etwa 120 Millionen Euro durch Beobachtungstouren für Mantas verdient werden. Davon können viele Einheimische leben, die solche Touren anbieten.

Gefahren durch den Menschen

Leider ist derzeit eines der größten Artensterben in der Geschichte der Erde im Gange. Etwa eine Million Tier- und Pflanzenarten sind vom Aussterben bedroht – dabei sind viele davon noch nicht einmal entdeckt.

Unter den Wirbeltieren ist es bei Amphibien und Rochen am schlimmsten. Dann kommen gleich die Haie. Mindestens ein Drittel aller Arten ist bereits am Verschwinden. Dafür gibt es verschiedene Gründe. Dazu gehört die Klimaveränderung. Dadurch kann es den Rochen selbst zu warm werden. Sie fühlen sich nicht mehr wohl, bekommen weniger Junge und werden womöglich leichter krank. Es kann aber auch sein, dass es Beutetieren der Rochen zu warm wird und sie abwandern oder gar sterben. Inzwischen befürchten immer mehr Wissenschaftler, dass der größte Teil der Korallenriffe in den Meeren abstirbt. Damit verlieren sehr viele Rochenarten ihre Heimat, darunter auch die Mantas.

Ein anderes schlimmes Problem ist das viele Plastik in allen Meeren. Es könnte bald mehr Plastik als Fische im Meer geben. Die Tiere fressen das Plastik aus Versehen. Sie werden dadurch sehr krank und sterben. Gerade die Mantas, die häufig mit offenem Maul schwimmen, um Plankton zu fressen, verschlucken dadurch jede Menge Plastik. Es bleibt auch in den Kiemen hängen und verstopft sie.

Eine große Gefahr für viele Rochenarten, die gerne im Sand liegen, ist die Fischerei. Viele Fischer ziehen Schleppnetze direkt über den Boden, um zum Beispiel Schollen zu fangen. Dabei erwischen sie aus Versehen auch zahlreiche Rochen. Das nennt man Beifang.

Das darf nicht passieren!

Das Verschwinden der Mantas und anderer Rochen wäre ein riesiger Verlust nicht nur für die Natur, sondern ganz besonders auch für uns Menschen. Wir müssen unbedingt verhindern, dass das passiert – denn wenn eine Tierart erst einmal ausgestorben ist, ist es zu spät.

Klimaveränderung, Beifang und Plastikmüll sind Probleme, die fast alle Lebewesen im Meer betreffen. Dazu kommen auch noch der zunehmende Lärm im Meer oder die Abwässer. Neben all dem haben die Rochen aber auch noch ihre ganz eigenen Probleme, vor allem die Mantas und die anderen Teufelsrochen. In den 1970er-Jahren setzten gierige Geschäftsleute aus Asien das Gerücht in die Welt, die sogenannten Kiemenreusen seien ganz besonders heilkräftig gegen alle möglichen Krankheiten. Obwohl sich das wissenschaftlich überhaupt nicht belegen lässt, werden inzwischen Unsummen für pulverisierte Kiemenreusen bezahlt. Darum jagen immer mehr Fischer Mantas und Teufelsrochen.

Verloren gegangene oder ins Meer geworfene Netze, sogenannte Geisternetze, sind eine riesige Gefahr für Meerestiere

Viele Rochen enden als Beifang in Fischernetzen

Hier werden getrocknete Rochen zum Verzehr angeboten

Einem Manta werden die Kiemenreusen herausgeschnitten, um sie gewinnbringend zu verkaufen

Da Mantas mit geöffnetem Maul schwimmen, nehmen sie auch viel Plastikmüll mit auf

In vielen Gebieten sind fast alle diese Tiere bereits verschwunden. Es besteht die sehr große Gefahr, dass es in ein paar Jahren überhaupt keine Mantas mehr geben wird. Ein Grund dafür ist auch, dass Mantas sich am langsamsten von allen Rochen vermehren. Die riesigen Verluste können durch die Fortpflanzung nicht ausgeglichen werden. Selbst wenn ab sofort keine Mantas mehr gejagt würden, würde es Jahrzehnte dauern, bis sich die Bestände erholt haben – wenn überhaupt, denn Klimaveränderung und Plastikverschmutzung bestehen ja nach wie vor.

Ganz düster sieht es auch für die Sägerochen aus. Ursprünglich waren sie weit verbreitet, in fast allen tropischen und subtropischen Küstenregionen kamen sie vor. Heute leben sie nur noch in einigen wenigen küstennahen Gewässern und Mangrovenwäldern. Die meisten Arten gibt es in und um

Australien. Im Mittelmeer sind sie leider ausgestorben. Auch sonst sind sie überall vom Aussterben bedroht. Ihre Flossen sind mit die teuersten „Haiflossen“, obwohl die Tiere ja gar keine Haie sind. Trotzdem werden sie zu „Haifischflossensuppe“ verkocht. Dazu werden haarähnliche Strahlen aus den Flossen geholt.

Das Absurde ist, dass diese Flossenstrahlen nach gar nichts schmecken und die Leute „Haifischflossensuppe“ nicht wegen des Geschmacks essen, sondern um mit dem hohen Preis anzugeben. Dafür werden diese Rochen und auch viele Haie ausgerottet. Das finde ich unheimlich frustrierend. Von allen Rochenarten sind Sägerochen daher am stärksten von der Ausrottung bedroht, denn auch das Schwert wird von manchen Menschen als großartige Trophäe gesehen. Inzwischen werden auch die Gitarrenrochen sehr stark bejagt. Daher gibt es sie im Mittelmeer fast überhaupt nicht mehr.

All diese Probleme haben dazu geführt, dass inzwischen etwa ein Drittel aller Rochenarten vom Aussterben bedroht ist. Lange Zeit hat sich niemand darum gekümmert. Kaum jemand wusste über Rochen Bescheid und hat sich für sie eingesetzt. Erst in den letzten Jahren wurde mehr für ihren Schutz getan.
Es wurde viel geforscht, um mehr darüber herauszufinden, wo Rochen leben und wo ihre Jungen aufwachsen. Das hilft, um die am besten geeigneten Gewässer zu Schutzgebieten zu erklären.

Zum Glück wurden in den letzten paar Jahren auch einige internationale Gesetze beschlossen, die den Handel mit Mantas und Sägerochen fast ganz verbieten. In über 120 Ländern auf der Welt dürfen sie nicht mehr gejagt werden. Es gibt also ein wenig Hoffnung.

Obwohl manche Rochenarten inzwischen unter Schutz stehen, werden sie gefangen und auf dem Markt verkauft

Auch hier wurden Geigenrochen gefischt, dabei sind sie von der Ausrottung bedroht

Die bedrohten Teufelsrochen werden ebenfalls gezielt gefangen

Was Du für Rochen tun kannst

Bestelle auf keinen Fall Gerichte, für die Haie oder Rochen getötet werden mussten

Es ist prima, dass Du Dich über Rochen informierst und helfen willst. Dafür ist es wichtig, dass die Klimaveränderung so klein wie möglich bleibt. Es bringt also etwas, wenn man Ökostrom verwendet und mehr mit Bus und Fahrrad als mit dem Auto fährt. Rede mal mit Deinen Eltern darüber. Außerdem sollte so wenig Plastik wie möglich verbraucht werden. Also keine Einwegflaschen oder Plastiktüten verwenden! Falls Ihr irgendwo auf der Welt im Restaurant Haifischflossensuppe auf der Speisekarte stehen seht, dann weist den Wirt höflich darauf hin, dass das sehr schlecht ist.

Wenn sich Dir die Gelegenheit bietet, mach mit bei den wissenschaftlichen Projekten, die in diesem Buch erwähnt sind. Dazu gehören das Einschicken von Rocheneier-Fotos und, falls Du mal das Glück haben solltest, einen Manta zu sehen, von Fotos seiner Bauchseite. Und wer weiß, vielleicht wirst Du ja mal Meeresbiologe und erforschst Rochen, um mehr darüber herauszufinden, wie wir sie schützen können?

Benutze wenig Plastik und entsorge es korrekt

Keine Plastiktüten!

Plastiktüten sind Gift für Mantas. Sie schlucken sie und sterben daran, weil die Tüten die Kiemenreusen verstopfen.

Wenn sich die Gelegenheit bietet, hilf bei Beach-Cleanups mit, also dabei, Strände von Müll zu befreien

Großes Rochen-Quiz

Jetzt bist Du schon fast ein Rochenspezialist! Mit Sicherheit weißt Du nun mehr über diese Tiere als Deine Freunde oder Deine Eltern. Du kennst inzwischen eine ganze Reihe verschiedener Rochen und einige ihrer Besonderheiten und Verhaltensweisen. Versuche mal, ob Du alle Fragen richtig beantworten kannst, und teste auch Deine Eltern. Kreuze mit Bleistift eine oder mehrere Antworten an. Die Lösungen stehen auf Seite 64.
Viel Spaß dabei!

1) Welches dieser Meerestiere hat das größte Gehirn?
a) Sägefisch ❍
b) Weißer Hai ❍
c) Manta ❍

2) Was macht das Schwimmen für Rochen leichter?
a) Die Schwimmblase ❍
b) Das Knorpelskelett ❍
c) Das Öl in der Leber ❍

3) Was fressen Mantas?
a) Muscheln ❍
b) Plankton ❍
c) Kleine Fische ❍

4) Wozu nutzen Sägerochen ihre Säge?
a) Um Fische zu erbeuten ❍
b) Um sich zu verteidigen ❍
c) Um sich Schlafhöhlen ins Korallenriff zu sägen ❍

5) Wie vermehren sich Rochen?
a) Alle Rochen legen Eier ❍
b) Manche bringen voll entwickelte Junge zur Welt ❍
c) Nur manche Rochen legen Eier ❍

6) Warum werden Sägerochen gejagt?
a) Weil sie gut schmecken ❍
b) Wegen ihrer Flossen ❍
c) Wegen des Schwerts ❍

7) Wozu nutzen Torpedorochen Strom?
a) Um Fressfeinde wie Haie zu verjagen ❍
b) Um Beutefische zu betäuben ❍
c) Um ihre Umgebung zu beleuchten, damit sie Beute finden ❍

8) Wovon erhielten Gitarrenrochen ihren Namen?
a) Weil sie unter Wasser schöne Töne erzeugen, wie die Wale ❍
b) Weil ihre Form an Gitarren erinnert ❍
c) Weil man aus ihrem Körper gut eine kleine Gitarre bauen kann ❍

9) Wie heißen die Sinnesorgane für den Elektrosinn?
a) Seitenlinienorgan ❍
b) Jakobs Amphore ❍
c) Lorenzinische Ampulle ❍

10) Bei welchen Tieren gibt es einen solchen Elektrosinn?
a) Haie ❍
b) Rochen ❍
c) Tintenfische ❍

11) Wozu nutzen Rochen ihre Nase?

a) Um sie in Dinge zu stecken, die sie nichts angehen .... ❍
b) Um damit an der Wasseroberfläche Luft zu holen wie Delfine .... ❍
c) Zum Riechen .... ❍

12) Warum springen große Rochen aus dem Wasser?

a. Um lästige Parasiten loszuwerden ..... ❍
b. Um fliegende Fische zu jagen .... ❍
c. Um vor Feinden zu fliehen .... ❍

13) Wie lassen sich Haie und Rochen unterscheiden?

a. Haie haben große Rückenflossen, Rochen nicht .... ❍
b. Haie schwimmen im freien Wasser, Rochen liegen am Grund und graben sich ein .... ❍
c. Bei Rochen sind die Kiemenspalten auf dem Bauch, bei Haien an der Seite ..... ❍

14) Warum wird so viel Jagd auf Mantas gemacht?

a) Weil ihre Kiemenreusen als Medizin genutzt werden .... ❍
b) Weil sie Fischern die Beute abjagen ... ❍
c) Weil sie gefährlich sind und kleine Boote angreifen .... ❍

15) Wo leben Zitterrochen gerne?

a) Über Sand- und Schlickböden .... ❍
b) In kleinen Höhlen im Korallenriff .... ❍
c) Einige Arten in der Tiefsee .... ❍

16) Wie kannst Du zum Schutz der Rochen beitragen?

a) So wenig Plastik wie möglich nutzen . ❍
b) Strom sparen und lieber Fahrrad statt Auto fahren .... ❍
c) Als Hilfsforscher Bilder von Mantas und Rocheneiern einsenden .... ❍

17) Wie nennt man die unzähligen Kleintiere, die teils in Wolken im Meer schweben?

a) Sardinen .... ❍
b) Plankton .... ❍
c) Nekton .... ❍

18) Wann haben sich die Rochen auf der Erde entwickelt?

a) Als die Saurier verschwanden .... ❍
b) Vor fast 200 Millionen Jahren aus Haien . ❍
c) Es gab sie praktisch schon immer, sie zählen zu den ersten Tieren .... ❍

19) Woher kommen die kleinen Narben am vorderen Teil der Brustflosse vieler Rochen?

a) Von Schiffshaltern, die sich festbeißen.... ❍
b) Von Bisswunden der Männchen, die bei der Paarung entstehen .... ❍
c) Vom Kampf männlicher Rochen untereinander .... ❍

20) Wie solltest Du Dich im Meer Rochen gegenüber verhalten?

a) An ihnen festhalten und sich mitziehen lassen .... ❍
b) Sie nicht berühren .... ❍
c) Nicht von vorn, sondern von schräg hinten an sie heranschwimmen .... ❍

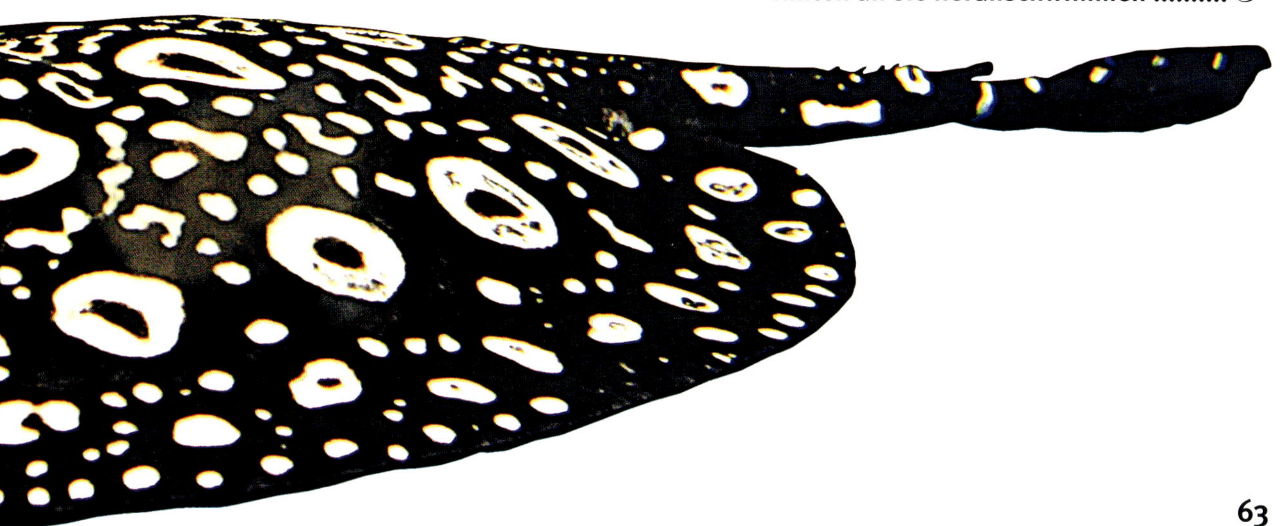

Lösungen zum Rochen-Quiz:

1) c: Mantas haben das größte Gehirn unter den Fischen.

2) b, c: Das viele Öl in der Leber und das leichte Knorpelskelett helfen den Knorpelfischen beim Schwimmen. Eine Schwimmblase besitzen sie nicht.

3) b, c: Mantas sind Planktonfresser und leben von kleinen Fischen, die zu klein sind um wegzuschwimmen, Garnelen, verschiedenen Larven und Eiern.

4) a, b: Mit ihrer Säge erschlagen Sägerochen Fische und verteidigen sich gegen Angreifer.

5) b, c: Einige Rochen legen Eier, bei anderen schlüpfen die Jungen bereits im Mutterleib aus den Eiern und kommen lebend zur Welt.

6) b, c: Das Fleisch der Sägerochen schmeckt nicht so gut und bringt wenig Geld – gejagt werden sie vor allem wegen ihrer Flossen, aber auch wegen des Schwerts.

7) a, b: Torpedorochen nutzen Elektrizität, um Feinde zu verjagen oder um Beute zu machen.

8) b: Es ist wegen ihrer Form – sie können weder schöne Töne hervorbringen, noch kann man aus ihrem Körper Gitarren bauen.

9) c: Lorenzinische Ampullen dienen dem Elektrosinn der Rochen.

10) a, b: Die Knorpelfische, zu denen Haie und Rochen gehören, besitzen diesen Sinn.

11) c: Sie nutzen die Nase nur zum Riechen, nicht zum Atmen. Es gibt keine Verbindung zwischen der Nase, dem Mundraum und den Kiemen.

12) a, c: Dieses Verhalten dient wohl dazu, Parasiten abzuschütteln oder Jägern wie Hammerhaien zu entkommen.

13) c: Die Lage der Kiemenspalten gibt Auskunft! Dagegen gibt es auch Rochen mit großen Rückenflossen, wie die Gitarren- oder die Sägerochen. Umgekehrt haben manche Haie sehr kleine Rückenflossen, wie die Engelshaie. Genauso existieren Haie, die am Boden liegen und Rochen, die gerne im freien Wasser sind, wie Mantas oder Adlerrochen.

14) a: Bei der Jagd auf Mantas geht es fast ausschließlich um die Kiemenreusen für die chinesische Medizin. Sie fressen den Fischern nichts weg und sind völlig ungefährlich.

15) a, c: Zitterrochen leben gerne über Sand- und Schlickböden. Einige Arten kommen auch in der Tiefsee vor.

16) a, b, c: All dies hilft den Rochen!

17) b: Plankton ist der richtige Begriff. Sardinen sind kleine Schwarmfische. Zum Nekton gehören die Tiere, die frei und gegen die Strömung schwimmen können.

18) b: Vor fast 200 Millionen Jahren entwickelten sich die ersten Rochen aus Haien.

19) b: Sie entstehen, wenn sich bei der Paarung das Männchen am Weibchen festbeißt, um nicht wegzurutschen.

20) b, c: Rochen solltest Du nicht berühren und Dich ihnen nur von schräg hinten nähern.

Entdecke die Reihe mit der Eule!

Entdecke die Eulen

Entdecke die Greifvögel

Entdecke die Geier

Entdecke die Rabenvögel

Entdecke die Spechte

Entdecke die Finken

Entdecke die Spatzen

Entdecke die Eisvögel

Entdecke die Zugvögel

Entdecke die Singvögel

Entdecke die Meisen

Entdecke die Kraniche

Entdecke die Störche

Entdecke Schwäne, Gänse & Enten

Entdecke die Möwen

Entdecke die Pinguine

Entdecke die Papageien

Entdecke die Kolibris

Entdecke die Fledermäuse

Entdecke die Hunde

Entdecke die Schafe

Entdecke die Ziegen

Entdecke die Kühe

Entdecke die Pferde

Entdecke die Esel

Entdecke die Igel

Entdecke die Maulwürfe

Entdecke die Waschbären

Entdecke die Biber

Entdecke die Otter

Entdecke heimische Wildtiere

Entdecke die Wölfe

Entdecke die Bären

Entdecke die Tiger

Entdecke die Menschenaffen

Entdecke Affen und Lemuren

Entdecke die Hyänen

Entdecke die Pandas

Entdecke die Elefanten

Entdecke die Nashörner

Entdecke die Giraffen

Entdecke die Antilopen

Natur und Tier - Verlag GmbH
An der Kleimannbrücke 39/41 · 48157 Münster
Telefon: 0251 - 13339-0 · Fax: 0251 - 13339-33
E-Mail: verlag@ms-verlag.de · www.ms-verlag.de